交易所交易制度和规则深度解析

张今 著

新华出版社

图书在版编目（CIP）数据

交易所交易制度和规则深度解析 / 张今著.
-- 北京: 新华出版社, 2023.11（2025.2重印）
ISBN 978-7-5166-7168-9

Ⅰ.①交… Ⅱ.①张… Ⅲ.①证券交易所－研究－中国
Ⅳ.①F832.5

中国国家版本馆CIP数据核字（2023）第218986号

交易所交易制度和规则深度解析

作　　者： 张　今			
出 版 人： 匡乐成			
责任编辑： 沈文娟　王依然		**封面设计：** 星汉湛光-小伍	

出版发行： 新华出版社
地　　址： 北京石景山区京原路8号　　　　**邮　　编：** 100040
网　　址： http://www.xinhuapub.com
经　　销： 新华书店、新华出版社天猫旗舰店、京东旗舰店及各大网店
购书热线： 010 - 63077122　　　　**中国新闻书店购书热线：** 010 - 63072012

照　　排： 六合方圆
印　　刷： 大厂回族自治县众邦印务有限公司

成品尺寸： 170mm×240mm　1/16
印　　张： 15.5　　　　　　　　　　**字　　数：** 122千字
版　　次： 2024年1月第一版　　　　**印　　次：** 2025年2月第二次印刷

书　　号： ISBN 978-7-5166-7168-9
定　　价： 58.00元

前　言

　　这是第一本系统且深入解析我国交易所的交易制度和交易规则的书籍。交易所是金融市场的重要组成部分，在现代金融市场，交易所的重要性不言而喻。交易所不仅提供交易执行场所，而且交易所中央限价指令簿的价格发现功能是金融体系得以运行的重要基础。交易所是交易服务的提供者，还是交易规则的制定者和交易行为的监督者，这种身份上的多重性导致交易所需要权衡多方利益，一方面交易所希望提高市场运行的效率，因此需要尽量降低投资者的交易成本，鼓励投资者向市场提供流动性；另一方面交易所也要保证市场的公平性和透明度，防止部分投资者扭曲市场价格以及过度消耗市场流动性。这两类需求贯穿了交易所设计交易制度和市场结构的全过程。金融市场监管者充分理解交易所身份的多重性，有助于防范金融市场系统性风险，维护市场秩序，保护投资者权益，推动金融市场的长期稳定和健康发展；金融市场投资者深入了解交易所的交易制度和规则，有助于完善其投资策略，降低投资操作行为失误。

　　多年来我都在一家交易所从事产品和业务设计工作，在和金融从业者及投资者进行沟通的过程中发现，刚开始接触我国金融市场的从业者和投资者，找不到系统介绍我国金融市场结构、交易方式和交易指令类型等基础内容的书籍，境外教材和境内实践存在一定差异。而一些投资者，即使是资深投资者对于"交易所如何设计撮合算法？""为何不同交易所的结算价计算方法不同？""如何计算合约挂盘基准价？"等业务细节问题虽然十分感兴趣，却没有渠道去了解其中的原理。为此，我撰写了《交易所交易制度和规则深度解析》一书。

本书围绕境内交易所的各项交易制度和规则展开，包括境内交易所如何组织交易、交易指令、撮合算法以及境内市场参与者等内容，共分为九章。第一章介绍境内交易所行业和金融市场基础设施，投资者通过本章可以了解境内证券交易和衍生品交易的业务链条。第二章介绍交易方式，帮助投资者区分指令驱动交易方式和报价驱动交易方式，分析不同交易方式对交易公平性和交易成本的影响。第三章的主要内容是交易指令，重点介绍境内主流的交易指令和指令撮合算法，同时也介绍境外交易所使用但境内交易所使用比例较低的交易指令和撮合算法，比如停止指令和触价指令，分析为何一些境内交易所不支持这些指令。第四章介绍结算价和挂盘基准价的确定机制，解释交易所如何计算这些市场基准价格，以及交易所如何保证这些基准价格的市场代表性和抗操纵性。第五章介绍交易时间，读者可以了解到交易所确定交易时间时的考虑因素，以及我国金融市场实现 24 小时连续交易的可能性。第六章介绍金融市场的各类参与者，包括监管者、投机者、套利者和套保者，还介绍了金融市场一类重要的流动性提供者——做市商。第七章介绍高频交易者这类对当前金融市场有重大影响的投资者类型，本章在介绍高频交易特点的同时讨论了和高频交易有关的热点问题，包括高频交易是否造成了股市闪崩，高频交易是提供流动性还是消耗流动性，以及交易所如何识别和监管高频交易。第八章是关于市场操纵行为，包括介绍中国境内法律法规禁止的市场操纵行为，重点介绍交易所如何识别潜在的市场操纵行为。第九章的内容是交易所信息披露，包括交易所信息披露的内容，信息披露和市场透明度的关系，信息披露的频率怎样影响市场质量和投资者，还讨论了市场是否越透明就越好。

本书是一部致力于让交易所的交易制度和规则进入大众视野、深入浅出地展现交易所交易制度和规则精髓的著作。旨在带领读者读懂交易制度和规则，使读者能够深入理解交易所交易制度的核心要义，并运用其核心要义去制定交易策略，去指导投资实践。

本书介绍的大部分交易方式和交易指令对各类金融产品都适用。对于刚刚入门的零基础投资者可以通过本书了解我国金融市场结构、主要交易所和金融市场基础设施、参与者类型、常见交易方式、交易指令类型等基础知识。对于进阶水平的投资者，本书可以加深其对交易所交易制度和金融市场微观结构的理解，理解市场结构有助于其选择交易策略。

最后，我想特别感谢新华出版社的副社长黄春峰先生和图文编辑室沈文娟女士。他们为本书的"问世"付出了辛勤的劳动。

张今

2023 年 8 月 30 日

目　录

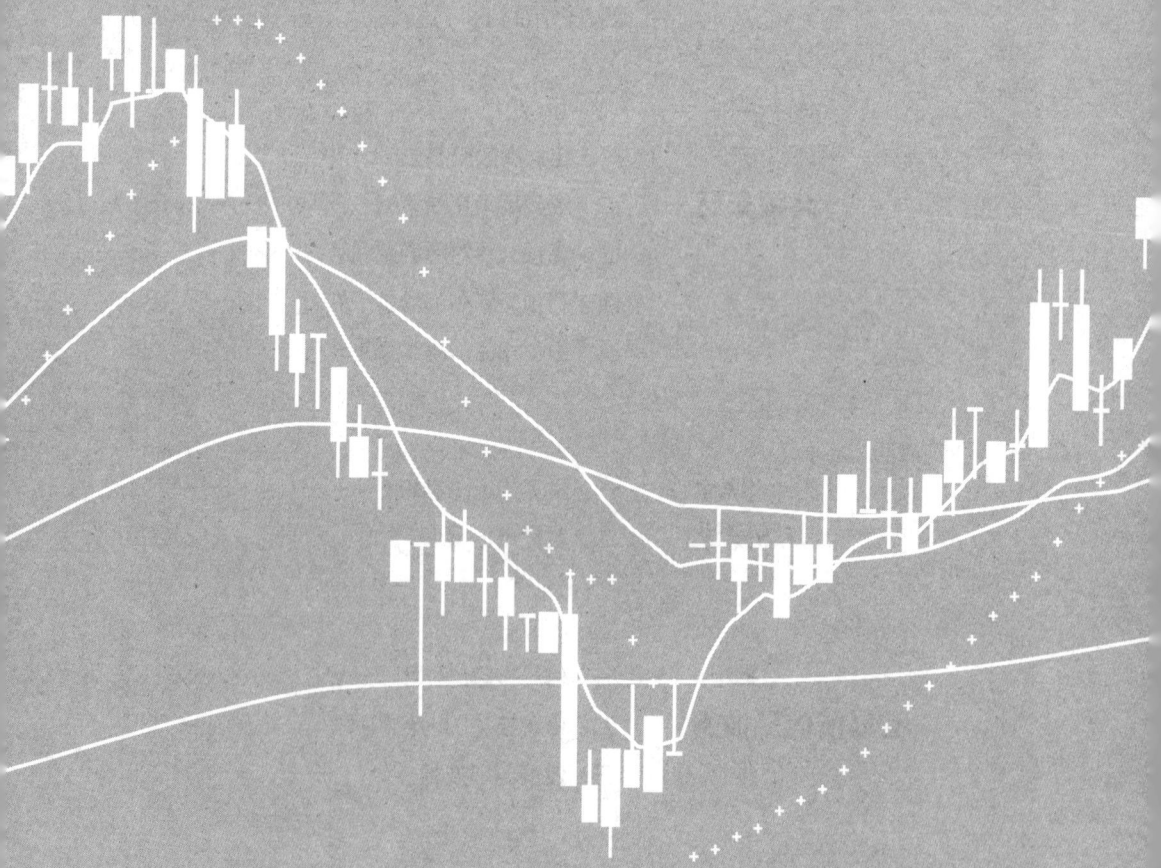

第一章

交易所和交易所行业

交易所是投资者交易股票、债券、衍生品合约等金融产品的场所，交易所的核心任务有两个：一是保证交易有序且公平地进行；二是促进市场信息高效地传播。公平性和透明度要求是对交易所最基础的要求。投资者有必要在开始交易前了解其所在市场的交易所和金融市场生态链。本章主要介绍我国境内交易所行业和金融市场基础设施运行框架，读者通过本章可以了解到，我国有哪些交易所、证券交易所和衍生品交易所有哪些区别、我国有哪些金融市场基础设施、交易所是否属于金融市场基础设施等问题。

证券交易和衍生品交易的业务链

按照上市交易的产品类型，交易所被分为现货交易所和衍生品交易所，现货交易所和衍生品交易所的业务范围和运营模式有一定区别。在全球大部分的市场，衍生品交易和证券交易在不同的交易所进行，比如德国的股票交易主要在法兰克福证券交易所（Frankfurter Wertpapierborse，简称FWB）进行，而衍生品主要在欧洲期货交易所（Eurex）交易；日本市场的股票主要在东京证券交易所交易，而金融衍生品则主要在大阪交易所交易。虽然一个地区的证券交易所和衍生品交易所可能同属于一个集团，比如上述的法兰克福证券交易所和欧洲期货交易所同属于德意志交易所集团，而东京证券交易所和大阪交易所同属于日本交易所集团，但是由于证券交易和衍生品交易的业务模式不同，交易系统和结算系统很难整合，证券和衍生品分离管理更具商业合理性，因此交易所集团通常不会将证券交易所和衍生品交易所合并运营。虽然大部分市场的证券交易所和期货交易所是分离运营的，但也有一些市场将证券交易和衍生品交易整合到一家交易所，比如新加坡市场的新加坡交易所（Singapore Exchange，简称SGX）就同时进行证券交易和衍生品交易。在我国市场，证券交易所和期货交易所也是分离的实体，截至2023年8月，我国境内由中国证券监督管理委员会（简称证监会）负责监管的证券交易所有3家，分别是上海证券交易所（简称上交所）、深圳证券交易所（简称深交所）、北京证券交易所（简称北交所），而期货交易所共有6家，分别是郑州商品交易所（简称郑商所）、大连商品交易所（简称大商所）、上海期货交易所（简称上期所）、上海国际能源交易中心（简称上期能源）①、广州期货交易所（简称广期所）、中国金融期货交易所（简称中金所）。因此，本节在介绍交易的业务链时会按照证券交易和衍生品交易进行区分。

按照我国金融行业的命名习惯，证券交易和衍生品交易的业务链通常包括上市、交易、清算和交收四个基本环节，四个基本环节中的清算和交收属于"交易后（Post-trade）环节"。之所以要强调是我国金融行业的命名习惯，是因为境内外市场对于交易后环节的命名习惯不一样，境外所说的结算（Settlement）是狭义上的结算，仅包括进行金融资产交付和资金支付的过程，这一环节在我国被称为"交收"。而在我国金融市场，"结算"的业务外延更大，指的是整个"交易后环节"，即同时包括清算（Clearing）和交收（Settlement）两个环节。本书按照我国金融行业的习惯，因此本书的"结算"指的是广义上的结算，即同时包括清算和交收两个环节。

图1-1显示了证券交易和衍生品交易的业务链，并简要说明了四个环节都需要做哪些工作，以及谁在提供这些服务。

⇒ **上市**

业务链的第一个环节是"上市"。衍生品市场的"上市"和证券市场的"上市"含义不同，证券市场的上市是指将公司发行的股票在交易所市场挂牌交易，而衍生品市场的期货和期权合约没有"发行"的概念，因此衍生品市场的

---

① 上海国际能源交易中心是上海期货交易所旗下的交易所。

	证券交易	衍生品交易	服务提供者
上市 Listing	• 审核股票上市申请 • 安排股票上市 • 上市公司信息披露	• 设计衍生品合约 • 安排衍生品合约上市	**交易所**
交易 Trading	• 制定交易规则 • 提供交易场所和设施 • 发布交易信息	• 监控市场 • 会员管理和监督	
清算 Clearing	• 计算交易双方应收应付资金 • 计算交易双方应收应付证券	• 计算盯市价值和损益 • 计算交易保证金	**中央对手方 证券结算系统 中央证券存管机构**
交收 Settlement	• 资金支付和证券交付 • 证券登记和存管	• 资金支付 • 实物交割的金融资产交付	

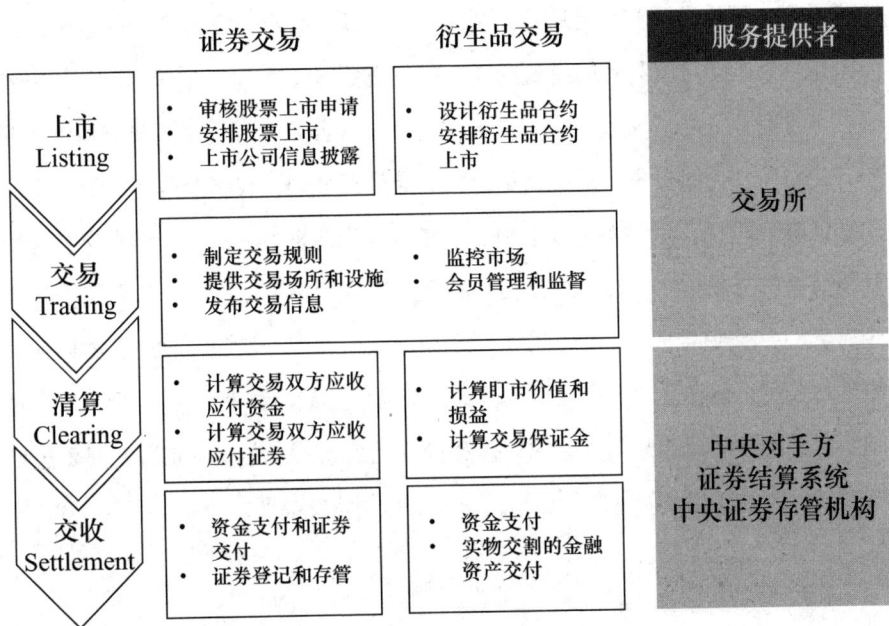

图 1-1　证券交易和衍生品交易的业务链

"上市"是指衍生品交易所设计期货和期权合约，并将合约挂牌交易。股票在证券交易所上市之后，以及期货、期权合约在衍生品交易所挂牌之后，投资者就可以在交易所市场公开买卖股票以及期货、期权合约。

⇒ 交易

业务链的第二个环节是"交易"。交易环节还可以细分为交易前环节（Pre-trade）和交易执行（Trade execution）环节，交易前环节指的是投资者下达交易指令以及交易所展示交易指令的过程，而交易执行环节指的是交易所撮合交易指令并达成交易的过程。在交易环节，证券交易所和衍生品交易所的工作内容类似，不论是证券交易所还是衍生品交易所，都要展示投资者的报价，按照既定的规则撮合交易者的交易指令，并在交易达成后展示成交价格。举例来说，当投资者 A 想要买入 X 公司的股票时，投资者 A 可以通过股票交易软件下单，交易软件会将投资者的交易指令发送给经纪公司，我国股票交易的经纪公司是证券公司。然后证券公司会将交易指令发送给证券交易所，证券交易所接受投资者的交易指令，并将交易指令和证券交易所中央限价指令簿上的交易指令撮合。如果撮合成功，证券交易所确认成交价和成交量，并将成交结果反馈给证券公司，证券公司再反馈给投资者，交易环节就此结束。如果投资者 A 希望买入的不是股票而是期货合约，投资者 A 会经历类似的交易流程，只不过期货交易环节的经纪公司是期货公司，交易所是期货交易所。

⇒ 清算

交易达成后，就进入清算环节，衍生品交易和证券交易在这一环节有很大差异，衍生品交易清算环节的业务复杂度显著高于证券交易。证券交易的清算是指根据证券成交结果，计算交易双方应收应付的证券数额和资金数额。继续刚才交易者 A 交易 X 公司股票的例子，此时交易已经达成，证券交易所会将成交信息发送给负责清算的金融市场基础设施，这一类基础设施被称为清算所（Clearing house），如果清算采用集中清算方式，则清算所又称为中央对手方（Central Counter Party，简称CCP）[①]。在我国证券市场承担证券清算职责的是中国证券登记结算有限责任公司（简称中国结算），中国结算会根据成交结果，

[①] 按照国际证监会组织（IOSCO）发布的《金融市场基础设施原则》的定义，中央对手方将自身介入交易对手方中间，成为每一个卖方的买方和每一个买方的卖方，从而确保未平仓合约的履行。

计算投资者 A 应付的资金以及应收的股票[1]。

在衍生品市场，清算流程更为复杂，持续周期也更长。因为衍生品合约自交易达成至合约到期的一段时间内，每个交易日都需要进行逐日盯市，所以衍生品市场的清算不像证券市场是一次性的工作，在期货合约存续的每一天，负责清算的金融市场基础设施都需要计算合约的盯市价值和交易保证金，并进行相应的资金划转。在我国期货市场，由期货交易所本身负责其市场交易的期货合约和期权合约的清算，并且清算都采用集中清算模式，因此我国的期货交易所都是中央对手方。如果投资者 A 在中金所买入了国债期货合约（建立了国债期货多头持仓），中金所会在每个交易日的日终计算投资者 A 的国债期货持仓的当日盈亏和交易保证金[2]，并进行相应的资金划转。

⇒ 交收

业务链的最后一个环节是"交收"。在这个环节，衍生品交易和证券交易虽然也有差异，但是差异不像清算环节那样大。对于证券交易所，交收就是根据在上一步清算环节得到的清算结果，组织交易双方进行证券划转和资金支付。此时需要证券结算系统（Securities Settlement System，简称 SSS）和中央证券存管机构（Central Securities Depository，简称 CSD）这两类金融市场基础

---

[1] 中国结算实行分级结算，即中国结算不直接参与普通投资者的证券结算服务，而是负责办理与结算参与人（证券公司）之间的集中清算交收，完成证券和资金的一级清算交收，然后由结算参与人（证券公司）负责办理与其客户之间的清算交收，进行资金和证券的二级清算交收，并委托中国结算代为划拨证券。

[2] 和中国结算的做法类似，中金所同样采用分级结算，即中金所不直接参与普通投资者的期货结算服务，中金所对结算会员结算，结算会员对其客户、受托交易会员结算，交易会员对其客户结算。

设施的服务，证券结算系统记录股票的转移和资金支付，中央证券存管机构通过其电子簿记系统记录证券的归属。在我国证券市场，证券结算系统和中央证券存管机构的职责由中国结算承担。继续使用投资者 A 购买 X 公司股票作为例子，在交收环节，中国结算会负责将投资者 A 购入的 X 公司股票记录在投资者 A 的账户下。

对于衍生品交易，有两种"交收"，一种是日常资金交收，是指在每个交易日结束时根据清算结果划转持仓盈亏、交易保证金及手续费、税金等费用。还有一种是衍生品合约到期的交收，这种交收也被称为交割（Delivery）。如果期货合约到期采用现金交割，那么交割环节非常简单，交易所以交割结算价为基准，划付持仓双方的盈亏，投资者的权利和义务消灭，如果期货合约到期采用实物交割，则涉及期货标的资产所有权的转移，过程稍微复杂。和证券交易的交收环节不同，衍生品交易的交收环节一般不需要①证券结算系统和中央证券存管机构的服务，衍生品的交收由中央对手方负责。在我国期货市场，同样是由期货交易所本身负责其市场交易的期货合约和期权合约的日常资金交收和到期交割。

---

① 如果金融衍生品采用实物交割，则可能需要中央证券存管机构提供服务，比如国债期货和 ETF 期货通常采用实物交割，期货空头需要实际交付国债或 ETF，因此需要中央证券存管机构来记录债券、证券或基金的归属。

二

交易所和金融市场基础设施

交易所行业中，交易所的基本任务是帮助投资者达成交易。为了完成该任务，交易所不能孤立运行，需要和金融市场基础设施建立连接并相互配合。在上一节介绍交易的业务链时也展示了，交易业务链上除了有交易所，还有其他市场设施的参与，本节介绍的就是这些金融市场基础设施，包括介绍金融市场基础设施的范围以及金融市场基础设施之间如何交互。

（一）金融市场基础设施的范围

金融市场基础设施是指为各类金融活动提供基础性公共服务的系统。在吸取金融危机的教训，吸收现有金融市场基础设施运行经验的基础上，国际清算银行的支付结算体系委员会（Committee on Payment and Settlement Systems，简称 CPSS）① 和国际证监会组织（International Organization of

---

① 现已更名支付与市场基础设施委员会（Committee on Payment and Market infrastructure，简称 CPMI）。

Securities Commissions，简称 IOSCO）在 2012 年联合发布了《金融市场基础设施原则》（*Principles for Financial Market Infrastructures*，简称 PFMI），该原则是金融市场基础设施运营和风险控制的国际标准。PFMI 文件中定义了 5 类金融市场基础设施，分别是支付系统（Payment System，简称 PS）、中央证券存管机构、证券结算系统、中央对手方和交易报告库（Trade Repository，简称 TR）。PFMI 文件中对这 5 类金融市场基础设施的定义见表 1-1。

表 1-1　金融市场基础设施的定义和境内金融市场基础设施

金融市场基础设施类型	定义	境内承担该职责的机构
支付系统（PS）	支付系统是一系列支付工具、程序、有关交易主体、法律规则组成的用于实现资金所有权转移的体系	中国人民银行清算总中心运营的大额支付系统、小额批量支付系统、境内外币支付系统
中央证券存管机构（CSD）	中央证券存管机构提供证券账户管理、发行登记和证券中央保管等服务	中国结算、中央结算
证券结算系统（SSS）	证券结算系统使证券能够根据一组事先确定的多边规则通过簿记系统进行转移和结算	中国结算、中央结算
中央对手方（CCP）	中央对手方将自身介入到交易对手方中间，成为每一个卖方的买方和每一个买方的卖方，从而确保未平仓合约的履行	中国结算、郑州商品交易所、大连商品交易所、上海期货交易所、上海国际能源交易中心、广州期货交易所、中国金融期货交易所、上海清算所、上海黄金交易所
交易报告库	交易报告库是指集中维护交易数据电子记录（数据库）的主体	中证报价公司、中国期货市场监控中心、中央结算

资料来源：CPSS-IOSCO《金融市场基础设施原则》。

我国境内市场的支付系统主要包括中国人民银行清算总中心运营的大额支付系统、小额批量支付系统和境内外币支付系统等。其中为金融机构和金融市场提供资金支付服务的主要是大额支付系统。

中央证券存管机构是证券和债券的统一登记保管机构，负责记录市场内已发行证券或债券的持有者和流转情况，而证券结算系统负责实际执行证券与资金的划转。这两类金融市场基础设施的业务联系较为紧密，因此在许多国家，中央证券存管机构同时运营证券结算系统，我国也采取该模式，我国的中国结算和中央国债登记结算有限责任公司（简称中央结算）都同时是中央证券存管机构和证券结算系统。

中央对手方和集中清算（Central clearing）这两个概念总是成对出现——承担集中清算职责的机构是中央对手方。清算所或具有清算职能的交易所通常承担中央对手方职责，因此交易所行业通常用中央对手方来指代清算所或具有清算职能的交易所。简单来说，进入清算环节后，中央对手方会介入交易双方中间，使得所有人的交易对手方都是中央对手方，这一过程被称为"约务更替（Novation）"。约务更替后，即使原来的交易对手发生违约，由于中央对手方的存在，未违约一方的交易可以继续延续，不受原交易对手的影响。图1-2对比了非集中清算市场和集中清算市场中参与者的关系。

图1-2（左）是一个典型的非集中清算市场，市场中有6个交易者，交易者A的交易对手方是B，B的交易对手方是C，这两笔交易分别由交易双方两两进行双边清算。图1-2（右）是采用集中清算的市场，正中心的圆点代表中央对手方，市场中6个交易者的对手方都变成了中央对手方。从非集中清算过渡到集中清算的优势显而易见——集中清算可以大幅降低交易的对手方信用风险，并且避免市场发生系统性风险。在图1-2（左）中，由于市场不存在中央对手方，交易者A是B的交易对手，如果A违约，则B收不到收益，可能带来连锁反应：B因为收不到收益而无法向C履约，C也因此无法向D履约。由

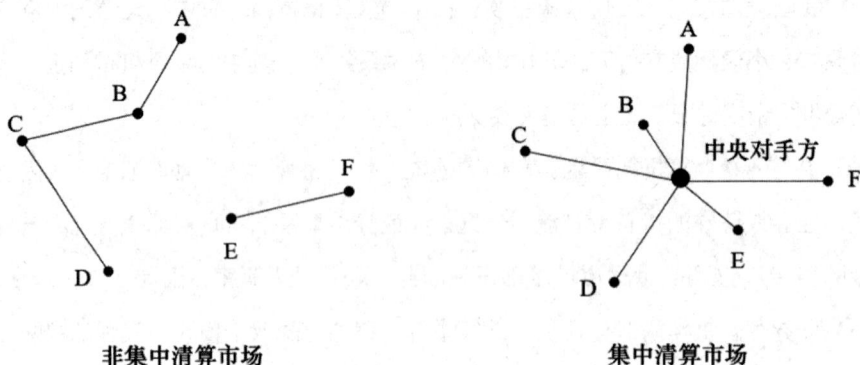

非集中清算市场　　　　　　　　　集中清算市场

图 1-2　非集中清算和集中清算的对比

于 A 一个人的信用问题，造成了市场上 3 笔交易发生违约。因为集中清算可以避免这种连锁违约的情况，所以目前交易所交易的衍生品全部使用中央对手方进行集中清算。

　　交易报告库是服务场外衍生品的金融市场基础设施，为了解决场外衍生品市场透明度低的问题，一些市场的监管机构要求投资者将其场外衍生品持仓规模和风险敞口情况报告给交易报告库，以便监管者和其他市场参与者了解场外衍生品的风险情况，目前我国境内市场的交易报告库包括中国期货市场监控中心（简称中国期货监控）[①]、中证机构间报价系统股份有限公司（简称中证报价公司）和中央结算，其中中证报价公司为证券公司的场外衍生品业务提供交易报告库服务，中国期货市场监控中心为期货公司风险管理子公司的场外衍生品业务提供交易报告库服务，中央结算主要在银行间市场开展交易报告库业务。

---

① 中国期货市场监控中心原名"中国期货保证金监控中心"，于 2015 年 4 月正式更名。其主要职能是负责期货市场统一开户和期货保证金安全监控。

上述是国际监管组织对于金融市场基础设施的定义。我国金融市场基础设施的监管框架稍有不同，我国的金融监管者提出了"金融基础设施"的概念，和国际监管机构提出的"金融市场基础设施"概念相比，"金融基础设施"少了"市场"两个字，但是覆盖范围却增加了——我国监管机构将交易所也纳入了金融基础设施的范围。2020 年 3 月 5 日，人民银行、国家发展改革委、财政部、银保监会、证监会、外汇局联合印发了《统筹监管金融基础设施方案》，方案中提出我国金融基础设施的范围包括金融资产登记托管系统、清算结算系统（包括开展集中清算业务的中央对手方）、交易设施、交易报告库、重要支付系统、基础征信系统六类设施和其运营机构。可以看出，我国认为证券交易所这样的交易设施是一类金融基础设施，但按照国际证监会组织（IOSCO）的定义，如果交易所的业务仅限于提供交易场所和辅助服务，那么交易所不属于金融市场基础设施，而是金融市场基础设施所服务的"市场"。

之所以存在这样的监管差异，是因为我国监管者和国际监管组织对"交易设施是否会造成金融市场系统性风险？"这一问题的观点不同。国际监管组织之所以要定义金融市场基础设施，并为金融市场基础设施制定严格的运营标准和风控标准，是因为这些设施对金融市场的安全性与稳定性至关重要，如果这些设施的风控制度或运营存在缺陷，会增加市场出现系统性风险的可能性。国际监管组织未将交易设施纳入金融市场基础设施的监管框架，是因为与中央对手方、中央证券存管机构等设施相比，仅提供交易执行场所的交易所对市场整体安全性的影响有限，若交易所发生交易中断或系统错误，不会造成系统性风险。IOSCO 等国际监管机构之所以认为交易设施中断不会造成金融市场的系统性风险，是因为这些国际组织在制定标准时主要以欧洲和美国等地的金融市场为参考样本。欧美等国场外金融市场发达，即使交易所市场暂停，金融机构依然可以在场外市场进行交易，通过场外市场获得流动性并化解风险。

但我国金融市场以场内市场为主，如果交易所市场暂停交易，大部分投资者无处获得所需的流动性，也无法进行风险管理。因此我国的监管者认为交易所对金融市场的稳健运行有重大影响，证券市场或期货市场出现长时间交易中断可能造成系统性风险，需要将交易设施纳入金融基础设施的范围，同中央对手方、支付系统等放在同一级进行监管。

（二）金融基础设施间的交互

不论是在证券市场还是在期货市场，投资者达成交易需要多个金融基础设施的服务。图1-3展示了证券交易中金融基础设施之间是如何关联的。

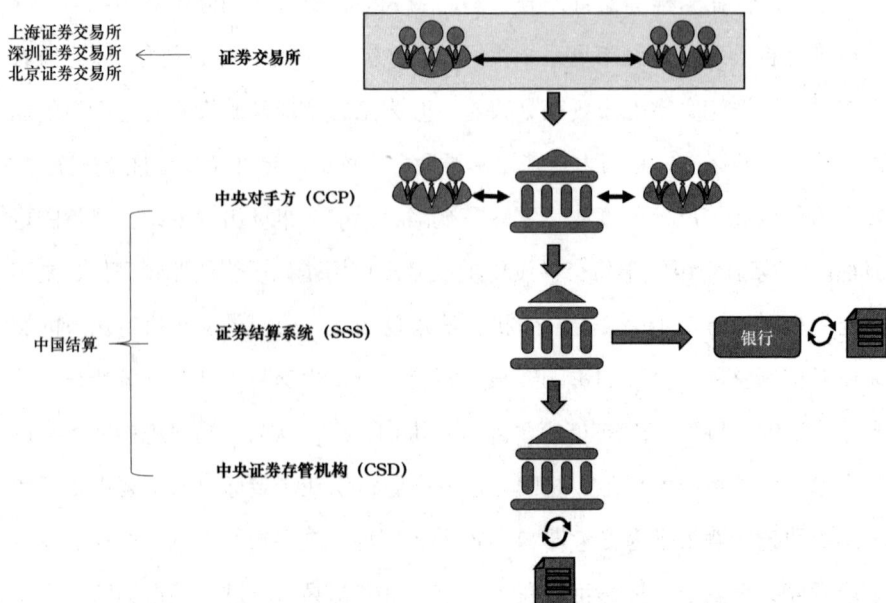

图1-3　我国证券交易的金融基础设施联动

证券交易从交易达成到最终完成证券交付和资金支付，需要涉及证券交易所、中央对手方、证券结算系统和中央证券存管机构。证券交易在证券交易所达成后，中央对手方介入原始交易双方，承担证券和资金划转完成前的对手方信用风险，完成交易的清算；证券结算系统根据中央对手方的清算结果完成证券资金划转，最后中央证券存管机构对流通证券的所有权流转情况进行记录。虽然金融基础设施间看似需要进行多次交互，但在我国证券市场，中央对手方、证券结算系统和中央证券存管机构都是中国结算，因此其实并不涉及多个金融基础设施之间的频繁数据交互。

为期货交易提供服务的金融基础设施主要是中央对手方。如图1-4，期货交易达成后中央对手方介入原始交易双方，承担期货合约到期交割前的对手方信用风险，完成交易的清算和交收。我国的期货交易所都具有结算职能，即都是中央对手方，因此期货市场从交易到结算全部由交易所完成。唯一的例外是

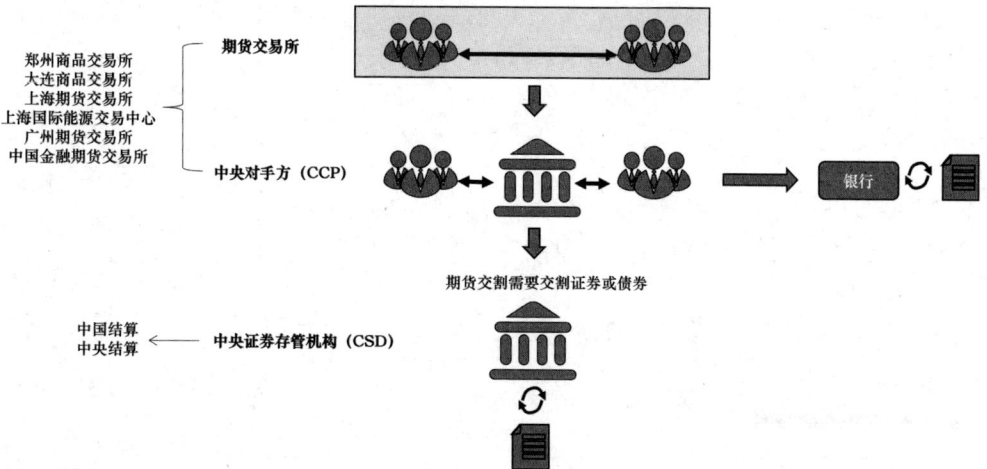

图 1-4　我国期货交易的金融基础设施联动

需要实物交割债券或证券的金融衍生品，如果在实物交割环节需要进行债券或者证券的划转，则需要中央证券存管机构提供服务，比如我国的国债期货采用实物交割，因此交割需要中金所和中国结算、中央结算^①配合进行。

---

① 我国国债采用总分托管结构，中央结算为一级托管，中国结算为二级托管，因此国债期货交割涉及两家国债托管机构。

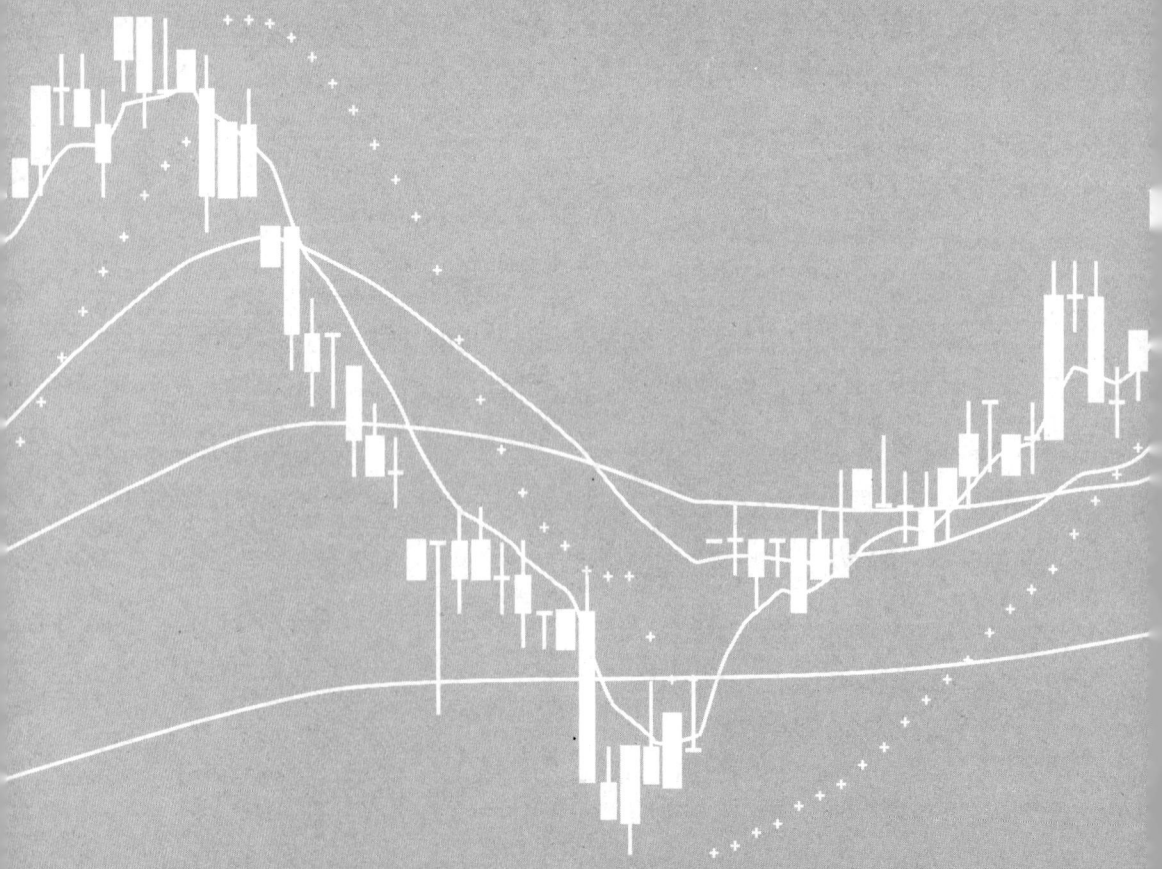

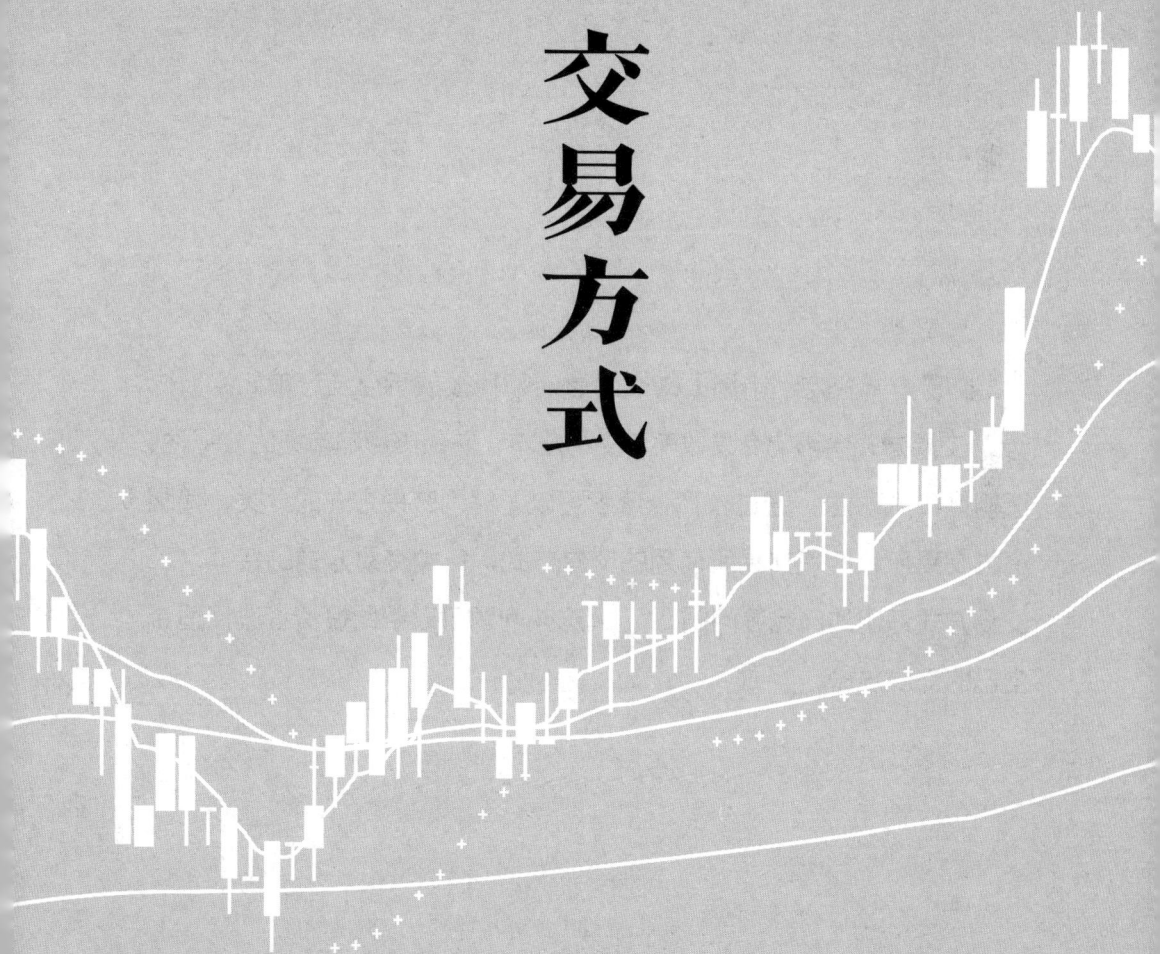

第二章

交易方式

交易方式决定了市场上的交易意向如何被展示以及订单如何被执行。交易方式会影响交易效率和交易成本，并最终影响市场的公平性、透明度和流动性。通过本章，读者可以了解到交易方式的分类，我国证券交易所和期货交易所使用的交易方式、各类交易方式的特征以及交易方式适用的产品等问题。了解这些问题可以帮助投资者选择适合自己的交易方式。

一

交易方式分类

交易方式由交易所规定，中央限价指令簿（Central limit order book）交易是当代金融市场最常见的交易方式，但除了这种交易方式，很多交易所还提供其他交易方式供投资者选择，比如欧美一些历史悠久的交易所除了使用中央限价指令簿交易，还同时保留了公开喊价交易（Open outcry）。从投资者的个体层面看，交易方式影响交易便利性、交易速度和交易成本。从市场整体看，交易方式会影响市场的公平性、透明度和流动性。投资者类型、交易目的和金融产品的种类都会影响投资者对于交易方式的偏好。举例来说，中央限价指令簿交易的交易速度快于大宗交易（Block trading），交易机会更多，并且交易成本更低，因此中小投资者会偏好该种交易方式，但是一些机构投资者认为通过大宗交易方式可以为大额订单拿到更好的成交价格，所以也会通过大宗交易方式成交。因此不论是金融市场的监管者、交易所，还是投资者，都需要了解各类交易方式，尤其是了解各种交易方式的优缺点。

（一）竞争性交易方式

交易方式的分类见图 2-1。按照交易是否通过竞争性方式达成，交易方式可以分为竞争性交易方式和非竞争性交易方式。非竞争性交易主要是指一对一双边协商，包括大宗交易和期转现交易（Exchange for physicals，简称EFP）。

竞争性交易方式中，按照市场展示出的报价的来源，又可以分为报价驱动交易方式（Quote-driven）和指令驱动交易方式（Order-driven）。采用报价驱动交易方式的市场又被称为做市商市场，因为在该交易方式下，市场上只展示做市商的报价，投资者只能和做市商成交。在指令驱动交易方式下，市场展示所有报价，包括做市商和非做市商的报价，投资者的交易对手不限于做市商。中央限价指令簿交易和公开喊价交易都是指令驱动交易方式。

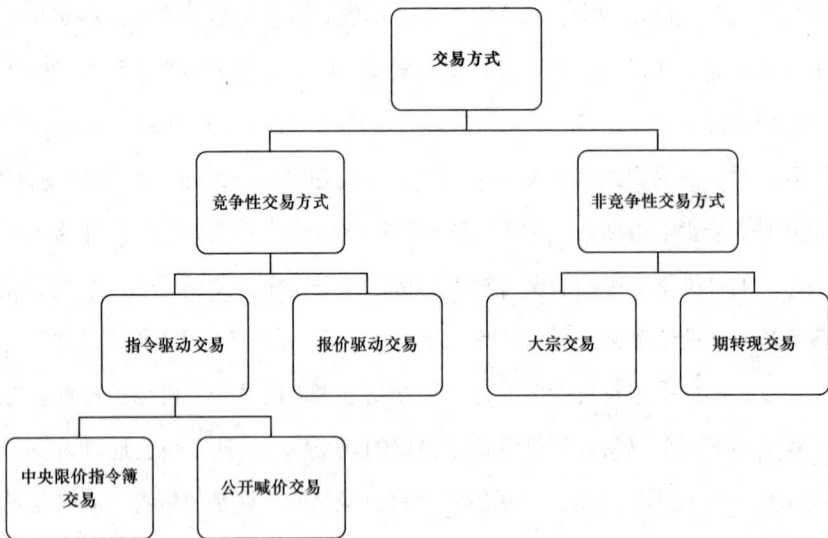

图2-1　交易方式分类

1. 集合竞价交易和连续竞价交易

指令驱动交易方式有多种实现形式，交易所可以选择在一段时间内汇集投资者的交易指令，并将汇集的所有交易指令一次性集中撮合，即集合竞价交易。交易所也可以对投资者的交易指令逐笔连续撮合，即连续竞价交易。

集合竞价多用于开盘和收盘，交易所经常使用集合竞价来确定当天的开盘价、收盘价和结算价。比如我国的上交所和深交所都使用集合竞价确定开盘价和收盘价，我国的期货交易所使用集合竞价确定开盘价。其实上交所以集合竞价方式确定收盘价的历史并不久，上交所在2018年8月20日才开始使用收盘集合竞价的方式确定收盘价[1]。在2018年8月20日之前，上交所以当日该只股票最后一笔交易前一分钟所有交易的成交量加权平均价（含最后一笔交易）作为该只股票的收盘价。从2018年8月20日开始，上交所对股票交易实施收盘集合竞价，收盘集合竞价的时间为14:57至15:00，以收盘集合竞价的结果作为当日的收盘价，但上交所对基金、债券及债券回购收盘价的产生方式未做调整[2]。虽然上交所在2018年才开始使用收盘集合竞价确定收盘价，但深交所从2006年开始，就已经开始使用集合竞价确定收盘价。我国证券交易所之所以采用集合竞价确定开盘价和收盘价，主要是因为证券交易所认为与一段时间内连续竞价产生的价格相比，集合竞价产生的成交价更不容易被市场操纵。

虽然交易所通过集合竞价交易方式来产生重要的市场基准价格，但是相比集合竞价，连续竞价更适合作为交易所主要的交易方式。实务中，交易所的大部分交易时段采用连续竞价方式进行交易，主要有三个原因：第一，连续竞价的成交价可控度更高。对投资者而言，集合竞价让投资者在统一的价格上成

---

[1] 详见上交所网站2018年8月6日发布的"关于修订《上海证券交易所交易规则》的通知"。

[2] 上交所基金、债券、债券买断式回购的收盘价为当日该证券最后一笔交易前一分钟所有交易的成交量加权平均价（含最后一笔交易）。债券质押式回购的收盘价为当日该证券最后一笔交易前一小时所有交易的成交量加权平均价（含最后一笔交易）。

交，虽然投资者有可能获得更优的成交价，但是成交价的不确定性相对连续竞价明显上升。第二，连续竞价允许投资者在其想交易的时间进行交易，投资者可以随时对新的市场信息进行反应，从而提高了金融市场的价格发现效率。集合竞价只能在固定的时间段进行，如果金融市场的交易主要通过集合竞价方式进行，那么投资者必须等到集合竞价的时间才能根据新的市场信息进行交易，拖慢了金融市场对于新信息的反应速度。第三，采用连续竞价交易方式的交易所的市场透明度更高，因为买卖双方连续向中央指令簿发送交易指令，中央指令簿会展示那些尚未撮合的指令，投资者因此知道市场上存在哪些交易机会。而集合竞价像是在一个不透明的盒子中进行，投资者无法看到其他投资者参与集合竞价的报单数量和价格信息。

2. 中央限价指令簿交易和公开喊价交易

根据是否存在可见的指令簿，指令驱动交易方式还可以分为中央限价指令簿交易和公开喊价交易。使用中央限价指令簿交易的交易所会维护一个所有人都可见的指令簿，所有交易指令都需要进入该指令簿。投资者的交易指令在进入指令簿后，会按照交易所既定的规则撮合，本书的第三章详细介绍了交易所撮合交易指令的规则。而公开喊价交易则是依靠交易员的手势和声音来展示交易指令。虽然一些投资者认为通过人工方式展示交易指令的公开喊价交易可以在交易指令中传递更多的市场情绪信息，但是总体而言，电子化的中央限价指令簿的交易执行速度更快，并且指令簿上包含的市场信息更全面，也更便于各类投资者收集市场信息，因此中央限价指令簿交易是当代金融市场的主流。

（二）非竞争性交易方式

非竞争性交易方式的达成过程缺乏竞争性，主要是指通过双边协商方式达成的交易，典型代表是大宗交易和期转现交易。大宗交易和期转现交易都是通过双边协商方式达成，投资者自己寻找交易对手，成交价格可以自主确定。这就是为何称这种交易方式为非竞争性交易方式，因为交易的成交价格以协商方式确定，价格的形成过程不存在竞价过程。

相比中央限价指令簿匿名集中撮合，非竞争性交易方式是具名的，寻找对手方虽然增加了交易的搜寻成本，但是却在成交价格上给了投资者更多自由——投资者不必受限于中央限价指令簿上的报价，可以以中央限价指令簿上不存在的价格成交。本章的最后两节会详细介绍大宗交易和期转现交易这两种非竞争性交易方式

一些读者可能疑惑为什么要将交易方式从是否具有竞争性这个维度进行区分，以及疑惑交易方式分类对投资者的意义。之所以要从竞争性的角度对交易方式进行区分，是因为竞争性会影响交易的公平性，有竞争性的交易方式更加公平，并且通过竞争方式产生的价格通常更能代表市场一致性观点，而交易所的目标是维护一个公平、透明且高效的交易场所，所以交易所会关注其选择的交易方式是否具有足够的竞争性。从投资者的角度出发，竞争性交易方式通常提供更多的交易机会，以竞争性交易方式达成的价格通常更优，因此很多投资者会优先选择竞争性交易方式。这也是为何竞争性交易方式占据了交易所市场的主流。

为什么还有推出非竞争性交易方式的必要？因为一些交易需求可能需要通过非竞争性交易方式来达成。比如投资者的交易规模非常大，超出了中央限价指令簿的承载能力，如果通过中央限价指令簿交易，会使得指令簿上的价格出现不合理变化。交易所不想看到这种情况，因为价格突然出现暴涨或暴跌，会

造成其他投资者对市场情况的误判，投资者可能跟风下单，进一步推高市场价格或加剧价格下跌。有大额交易需求的投资者也不想看到这种情况，因为其他投资者的跟风交易会推高其交易成本，更糟的情况是导致其订单不能全部成交。此时的解决方案就是非竞争性交易方式，如果投资者可以找到交易对手，并且双方可以就价格达成一致意见，那么订单可以在不对中央限价指令簿造成影响的情况下成交，并且可以保证全部成交。但是这也出现了公平性以及市场透明度的问题，关于两类交易方式特征对比见表2-1。

表2-1　竞争性交易方式和非竞争性交易方式特征对比

交易方式	竞争性交易方式	非竞争性交易方式
交易公平性	高	较低
交易前透明度	高	低
交易后透明度	高	视交易所规则而定
价格发现作用	高	低
交易执行的自由度	低	高

竞争性交易方式的公平性更高，一是价格通过竞价的方式达成，过程相对公平，比如成交遵循价格优先原则，保证了成交价格是一个对各类投资者都相对公平的价格。二是竞争性交易方式保证了各类投资者都可以在相同的条件下参与交易，公平地获得交易机会。与之相对，非竞争性交易方式的成交价格由双方协商确定，价格的形成过程类似一个黑匣子，交易双方之外的其他投资者无法知道该价格是如何最终确定的。并且在非竞争性交易中，投资者和其指定的交易对手成交，不是所有投资者都可以公平地获得交易机会。

竞争性交易方式的交易透明度也更高。竞争性交易方式在交易达成前需要展示报价，交易达成后则会展示成交价，即同时具有交易前和交易后透明度。非竞争性交易方式通常是没有交易前透明度的，这主要是为了保护交易双方，因为如果投资者的交易信息在交易达成前就泄露给市场，则可能会出现抢跑交易（Front running）[①]，损害投资者的利益。交易后透明度则视交易所的规则而定，如果交易所在非竞争性交易达成后公布其成交价格，则非竞争交易方式具有交易后透明度。

非竞争性交易方式对于价格发现作用的贡献低于竞争性交易方式。因为非竞争性交易的成交价格由交易双方协商确定，一般不能代表市场一致性观点。如果投资者选择以非竞争性交易方式达成交易，投资者通常有特殊需求，比如可能需要快速建立大额持仓，为了交易尽快成交，通常会有价格让步，投资者可能以劣于中央限价指令簿报价的价格成交。因此，一些交易所选择不公布大宗交易、期转现交易的成交价格，因为觉得这些非竞争性交易的成交价没有市场代表性，反而会造成投资者对于市场信息的误判。

非竞争交易方式的最大优点是交易执行的自由度高，投资者可以自由选择交易对手方，并通过协商确定成交价格。而竞争性交易方式通常依据既定的撮合规则来确定成交价格和交易对手方，因此自由度较低。

[①] 抢跑交易是指在获知交易需求后，抢在该交易下单之前下单。比如抢在大额买入订单之前买入股票，大额订单进入市场后会拉高股票价格，抢跑交易者就可以在高价卖出股票获利。

二

指令驱动和报价驱动

按照报价来源的不同，金融行业的惯例是将市场分为指令驱动市场（Order-driven market）和报价驱动市场（Quote-driven market）。报价驱动市场只展示做市商报价，投资者只能和做市商交易。而指令驱动市场展示所有投资者的报价，投资者可以相互交易，交易对手不限于做市商。我国境内的3家证券交易所和6家期货交易所都是采用指令驱动交易方式。

（一）指令驱动

在指令驱动交易类别下，交易有两种组织方式，一是公开喊价交易；二是中央限价指令簿交易。我国境内的交易所全部采用中央限价指令簿交易方式，目前我国境内已经没有使用公开喊价交易方式的交易所。本节主要介绍中央限价指令簿，但是为了帮助读者理解公开喊价交易不再主流的原因，以及为何一些交易所仍然保留公开喊价交易，本节也对公开喊价交易进行简要介绍。

1. 公开喊价交易

公开喊价是最古老的交易方式，公开喊价的具体运行模式是交易员在交易大厅里面对面交易，通过各种手势和口头报价进行交易。很多影视作品喜欢用这种戏剧性的交易方式来展现热火朝天的金融市场，但是目前还采用这种交易方式的交易所已经非常稀少，大部分交易所都使用纯电子化的中央限价指令簿进行交易。

相比电子化交易方式，公开喊价交易的成本高，订单执行效率低，参与者规模受到场地限制，并且也无法开展程序化下单和高频交易，不符合当代金融市场全球化和人工智能化的发展趋势。除此之外，公开喊价交易需要在一个实地场所进行，因此很容易受到自然灾害、疫情、恐怖袭击等突发事件影响而导致交易中断，增加了市场的脆弱性。因此大部分新交易所在成立时，都不会选择公开喊价交易方式。

我国境内没有交易所还在采用公开喊价交易方式，但出于历史因素，境外一些历史悠久的交易所还保留有交易大厅和公开喊价交易方式。在欧洲市场，伦敦金属交易所（London Metal Exchange，简称 LME）是唯一还留有交易池和公开喊价交易方式的交易所。在美国市场，纽约证券交易所（New York Stock Exchange，简称 NYSE）和芝加哥商业交易所（Chicago Mercantile Exchange，简称 CME）是少数还保留有公开喊价交易方式的交易所，2020 年 3 月新冠疫情期间，NYSE 曾经短暂关闭过交易大厅，但是在 2020 年 5 月又重新开放交易大厅。芝加哥商业交易所（Chicago Mercantile Exchange，简称 CME）也在 2020 年 3 月因新冠疫情而暂时关闭了交易大厅，并于 2021 年 5 月宣布永久关闭大部分交易大厅，仅允许 SOFR[①] 期权继续以公开喊价方式交易。即使一些交易所还保留有公开喊价交易方式，这种交易方式占交易总量的比例已经很低，根据 CME 年报的披露，2022 年公开喊价占 CME 全部成交量的比例仅为 3%。

2. 中央限价指令簿

使用电子化的中央限价指令簿交易是全球最常见的交易方式。境内证券交易所和期货交易所也均采用中央限价指令簿交易方式。中央限价指令簿是一个交易指令汇集库，收集来自买卖双方的交易指令，并根据既定的规则对交易指令进行撮合。

中央限价指令簿之所以被称为"限价指令簿"是因为它展示有效期内的限价指令[②]，虽然市价指令可以和中央限价指令簿上的限价指令成交，触价指令和停止指令也停留在中央限价指令簿上，但是市价指令、停止指令和触价指令并不会展示在中央限价指令簿上。不过停止指令和触价指令也的确"藏"在中央限价指令簿上，因此也有交易所称中央限价指令簿为中央指令簿，本书无差别地使用"中央限价指令簿"和"中央指令簿"的说法。

表 2-2 是一个展示五档价格的中央限价指令簿的简化示例。表 2-2 中展示的是股票的价格，不同金融产品表示价格的方式不同，因此中央指令簿展示价格的方式会根据该金融产品的报价方式而定。股票以每股的价格来报价，因

---

① SOFR 英文全称为 Secured Overnight Financing Rate，是美国担保隔夜融资利率，该利率是美国市场的基准利率。

② 关于各种交易指令的详细介绍见本书第三章指令和撮合算法。

此中央限价指令簿展示的是每股价格，债券市场的习惯是以到期收益率（Yield-to-maturity）报价，因此一些债券市场的指令簿展示的是收益率。

表2-2 股票交易的中央限价指令簿示例

档位	价格（单位：元）	数量（单位：股）
卖五	104	500
卖四	103	100
卖三	102	100
卖二	101	200
卖一	100	100
买一	99	300
买二	98	100
买三	97	100
买四	96	500
买五	95	200

指令簿上展示的是有效但是尚未成交的报单，包括价格信息和交易量信息。投资者可以在中央指令簿展示的卖价（Ask）上买入，在买价（Bid）上卖出。"卖一价"和"买一价"是市场最优报价，换句话说，卖一价是卖家出的最低价格，其他卖出报价都高于该价格，而买一价是买家愿意支付的最高价格，其他买入报价都低于该价格。"卖一价"和"买一价"之差被称为最优买卖价差，通常用于衡量市场流动性水平和隐性交易成本，最优买卖价差大的市场的流动性

较差，隐性交易成本大。

当买入价大于或等于卖出价时，即买价和卖价交叉（Cross）时，即撮合成交。撮合过程决定了成交价，最终成交价可能是买入价、卖出价或者是买入价和卖出价的平均值，成交价的确定方式视交易所规则而定，比如我国期货交易所的规则就是买入价、卖出价和前一成交价三个价格取中间值作为成交价[①]。当交易指令被撮合后，中央指令簿就会将已经被撮合的交易指令移除，并相应地调整指令簿上的买卖价格，这个过程在交易时段会持续进行，不断有交易指令被撮合，新的交易指令也会不断进入中央指令簿，因此中央指令簿可以动态地展示金融产品的市场供求情况。

中央限价指令簿电子匿名撮合之所以成为目前金融市场主流的交易方式，是因为其具有透明度高、流动性高和交易成本低的优点。中央限价指令簿不仅展示静态的报价、成交和市场流动性情况，还展示动态的市场供求关系和买卖压力情况，可以帮助投资者获得更全面的市场信息，更快地抓住交易机会。中央限价指令簿向所有投资者公开[②]，投资者因此可以了解到市场最新的价格信息和流动性信息。除此之外，报价的更新频率，买量和卖量的变化这些动态数据也会透露额外的市场信息，展示买卖压力变化情况，以及市场情绪的变化。比如当卖单的数量明显大于买单，并且大额卖单增多时，反映出市场卖压增加，这些信息有金融行为学上的意义，程序化交易者和高频交易者会利用这些信息进行交易。

中央限价指令簿汇集并集中展示市场买卖需求，增加了投资者的成交机会。

---

① 关于撮合规则的详细讨论见本书第三章指令和撮合算法。

② 虽然中央限价指令簿向所有投资者公开，但是不同类型的投资者能够看到的信息通常是不同的，直接向交易所购买数据的机构投资者能看到的信息更全面，获得数据的速度也更快。关于交易所信息披露的详细讨论见本书第九章交易所信息披露。

一方面，中央限价指令簿集中了多个报单，因此投资者的大额订单可以和多个投资者的报单成交；另一方面，投资者的报单还可以部分成交[1]。这些灵活化的处理都使得成交机会增多。

通过电子化的中央限价指令簿进行交易的交易成本也更低。交易成本低体现在两个方面，一是搜寻交易对手的成本低。所有可成交的报单都已经展示在中央限价指令簿上，投资者无须花费太多的时间和成本就可以找到交易对手。二是流动性成本低，由于流动性提供者之间充分竞争，中央限价指令簿上的买卖价差很小，投资者需要支付的流动性成本通常低于其他交易方式。

（二）报价驱动

虽然我国证券交易所和期货交易所没有采用报价驱动交易方式，但是报价驱动交易方式在金融市场并不罕见，债券市场、外汇市场和大宗商品现货市场经常采用报价驱动交易方式。报价驱动市场是做市商主导的市场，价格由做市商决定。做市商提供买卖报价，投资者接受做市商的报价并与之交易，这是报价驱动市场和指令驱动市场的显著区别之一。交易者只能和做市商交易其实只是报价驱动市场表现，做市商是价格决定者，以及投资者在确定价格上没有主动权才是定义报价驱动交易的核心因素。

其实指令驱动市场也可能存在做市商，比如我国证券市场和期货市场都是典型的指令驱动市场，但是也有做市商。不论是在报价驱动市场，还是指令驱动市场，做市商的运行模式和盈利模式是一样的，都是通过不断向市场提供买

---

[1] 是否允许部分成交是投资者自己的选择，投资者可以在下单时明确该报单是否允许部分成交。

卖报价，并赚取买卖价差获利。但是和报价驱动市场不同，做市商不是指令驱动市场唯一的流动性提供者和价格提供者，投资者可以直接进行报价，并不只是接受做市商的报价，因此在定价方面有主动权。

理解报价驱动交易方式的本质，就可以理解为何有的市场要采用报价驱动交易方式。采用报价驱动交易的市场通常是一般投资者对于金融产品价格没有定价能力，或是定价能力显著低于做市商的市场。前面提到的外汇市场和大宗商品现货市场都有这样的特点，在这些市场，专业投资者和一般投资者的定价能力差距悬殊，一般投资者不能报出合理的价格，通常也不能向市场提供流动性。以外汇市场为例，这类市场普遍以银行为做市商，银行掌握更多的汇率信息，并且持有大量外汇和本币，对汇率的走势有更准确的判断，而一般投资者通常不具有信息优势和资金优势，汇率定价能力明显低于银行。当金融产品的流动性较差时，交易该产品的市场也会采用报价驱动交易方式，本质原因也是一般投资者对这些金融产品的定价能力不足，比如境外一些场外股票市场会采用报价驱动交易方式。

（三）对比指令驱动交易和报价驱动交易

对比指令驱动交易和报价驱动交易是为了帮产品选择合适的交易方式。交易所在设计金融产品的交易方式时，需要在指令驱动交易方式和报价驱动交易方式之间做出选择。当投资者面临两个交易方式不同的市场时，也需要选择适合其的市场。如果了解两种交易方式的差异和优缺点，那么交易所和投资者都可以更理性地进行决策。

报价驱动交易方式适合流动性较差且大额交易需求较多的市场，在此类市场，使用报价驱动交易方式的成交概率更高。当金融产品的流动性较差时，报价驱动交易方式保证了做市商可以持续提供买卖报价，投资者成交的概率更高。同样的，当市场的交易需求主要是大额交易需求时，一般的投资者很难为这类交易提供流动性，而做市商主要是专业的金融机构，可以为大额订单提供流动性。

报价驱动交易方式的市场透明度低于指令驱动交易方式。采用指令驱动交易方式的市场展示各类投资者的报价，包括做市商和非做市商，而报价驱动市场只展示做市商的报价，因此在报价驱动市场，非做市商的交易意愿是看不到的。

报价驱动市场的交易成本更高，这里的成本主要是流动性成本等隐性交易成本，而非交易手续费这样的显性交易成本，报价驱动市场和指令驱动市场的手续费一般没有太大差异。在报价驱动市场，做市商有责任向市场持续报价，即使是对于流动性较差的产品，因此做市商的底仓管理成本较高。举例来说，当市场流动性不好时，做市商买入了金融产品后，该金融产品可能在很长一段时间内都找不到下一个买家，做市商因此需要持有该金融产品一段时间，需要管理持有该金融产品期间面临的市场价格变动风险和信用风险，做市商会将该成本转移给投资者。因此，在报价驱动市场，做市商报出的买卖价差通常会大于指令驱动市场的买卖价差，投资者的流动性成本因此较高。

三

大宗交易

上一节介绍了竞争性交易方式，除了竞争性交易方式外，交易所市场也存在着非竞争性交易方式。非竞争性交易方式是指通过双边协商方式达成的交易，主要包括两种交易方式——大宗交易和期转现交易。本节介绍大宗交易，期转现交易在下一节进行介绍。

（一）大宗交易的定义

我国证券市场大股东减持经常通过大宗交易方式进行，因此证券市场参与者对大宗交易的认知程度相对较高。顾名思义，大宗交易是指交易规模非常大的交易，大宗交易的"大"是一种相对的大，表示交易规模超过市场平均交易规模，因此对于流动性较小的市场，即使是交易规模仅为1手，也可能符合大宗交易中对于"大"的定义，境外交易所的一些互换期货（Swap futures）的大宗交易最低交易量要求就仅为1手。但并不是交易规模大于市场平均水平的交易就可以被称为大宗交易，在交易所行业，大宗交易是一个专有名词，指的是一种双边协商交易方式。大宗交易的通常定义是——在中央指令簿之外执行的，交易量大于或等于交易所设定的最低交易量要求的交易。虽然不同交易所

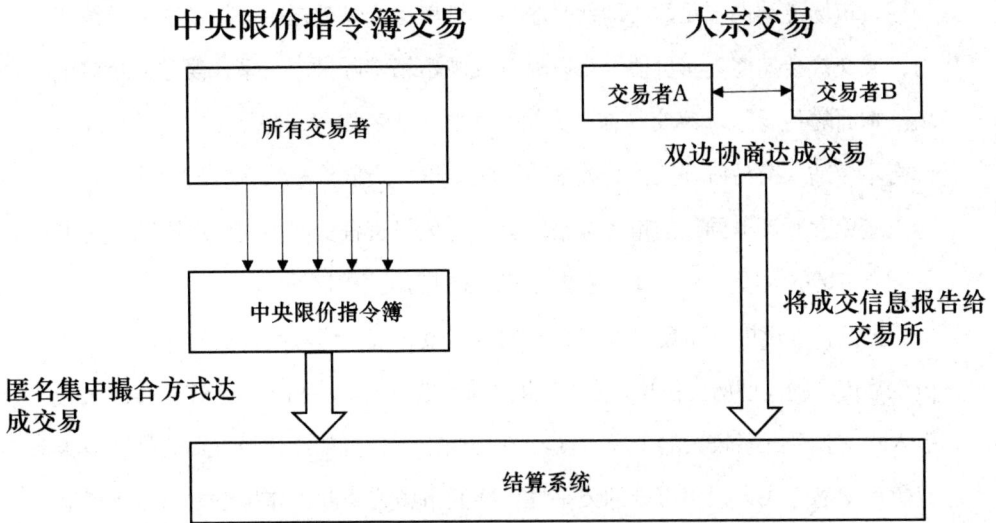

中央限价指令簿交易 　　　　　　　　大宗交易

所有交易者

交易者A　←→　交易者B

双边协商达成交易

中央限价指令簿

匿名集中撮合方式达
成交易

将成交信息报告给
交易所

结算系统

图 2-2　大宗交易与中央限价指令簿交易的对比

的规则中对大宗交易定义的表述各异，但是大宗交易定义中的核心有二：一是大宗交易不通过中央限价指令簿，而是通过双方协商达成，大宗交易和中央限价指令簿交易的对比见图 2-2；二是大宗交易有最低交易量要求。不同交易所对不同产品的大宗交易的最低交易量要求不同，最低交易量要求一般依据产品流动性设定，高流动性产品的最低交易量要求通常较高，而流动性差的产品的最低交易量要求甚至可以低至 1 手。

（二）交易所为何推出大宗交易

交易所推出大宗交易主要是为投资者提供消化大额订单的通道，避免大额订单在流动性较差时期引起市场价格偏离。比如对于期货市场，在临近交割期等期货市场流动性不足时，即使是小规模订单也容易超过中央指令簿的承载能力，成交价会偏离真实价值，难以充分反映市场实际供求关系，误导大众对市场基本面的判断。大宗交易在中央指令簿之外协商执行，并且大宗交易的成交价格不会纳入交易所开盘价、收盘价、最高价、最低价和结算价的计算，因此可以避免大额订单导致的市场价格偏差，避免投资者受到不利价格影响，这也是证券市场的大股东减持通常通过大宗交易进行的原因。

虽然目前境内外市场对大宗交易的认知度和接受度较高，但是大宗交易在衍生品市场的发展历史很短，在 21 世纪初才被引入衍生品市场，并且在被正式引入之前，受到了较大的市场质疑。在美国市场，有观点认为大宗交易这种非竞争性交易方式会损害市场的公平性，降低市场透明度，并且担忧一旦非竞争性交易的成交量占市场整体成交量的比例过高，中央指令簿上的价格将不再具有代表性。在美国期货市场初次引入大宗交易之前，美国商品期货交易委员会（Commodity Futures Trading Commission，简称 CFTC）于 1998 年进行了关于非竞争性交易的市场调研，调研结果显示，市场对于大额交易的需求增长迅速，因此 CFTC 在充分听取市场意见并评估期货市场大宗交易机制的必要性后，于 1999 年决定通过逐案审批的方式审批衍生品交易所开展期货大宗交易。2000 年 CFTC 批准了坎特金融期货交易所（Cantor Futures Exchange）使用大宗交易方式，大宗交易机制被正式引入了美国期货市场。

我国的大宗交易机制在 2002 年开始于证券市场。境内的三家证券交易所——上海证券交易所（简称上交所）和深圳证券交易所（简称深交所）的股票、基金和债券都支持大宗交易，北京证券交易所（简称北交所）的股票交易支持大宗交易。截至 2023 年，我国境内尚无期货交易所开展衍生品大宗交易业务，欧美发达衍生品市场的交易所，比如美国芝加哥商业交易所（CME）和德国欧洲期货交易所（Eurex）都允许交易者使用大宗交易方式成交，中国香港市场和新加坡市场等邻近市场的交易所，比如中国香港交易所和新加坡交易所（SGX）也推出了大宗交易方式。

（三）大宗交易的核心要素

大宗交易制度的核心要素是最低交易量要求和成交价格范围。

1. 大宗交易最低交易量

大宗交易方式通过双边协商方式执行，相比于中央指令簿匿名撮合，这种执行方式的透明度和公平性均较低，但是监管机构依然允许这种交易方式的存在，是因为大宗交易可以在不对中央指令簿造成影响的情况下，为大额订单提供一个执行通道。因此大宗交易制度中，何为"大额"非常重要，如果大宗交易的最低交易量要求设置得不合理，就容易被市场滥用。交易所一般根据产品所在市场的流动性水平来确定最低交易量要求，并且在市场流动性出现变化时，会调整最低交易量要求，比如随着市场逐渐成熟，流动性提高，交易所可能会提高最低交易量要求。具体来说，交易所确定大宗交易最低交易量要求时主要考虑如下因素：

第一，市场深度。大宗交易旨在减少大额订单对中央指令簿的冲击，因此，大宗交易的最低交易量要求应当大于该金融产品在中央指令簿上不引发大幅度价格偏离就能成交的交易量。换句话说，如果一笔交易可以在不影响中央指令簿上价格的情况下通过匿名撮合方式成交，那么该笔交易就不应该通过大宗交易方式成交，大宗交易的最低交易量要求就是要保证把这些交易排除在大宗交易之外。因此市场深度是设定大宗交易最低交易量要求的重要参考。

第二，市场成交量与持仓规模。和市场深度类似，成交量和持仓规模也在一定程度上显示了市场消化大额订单的能力。一般而言，成交量和持仓量越高的市场消耗大订单的能力越强，大宗交易的最低交易量要求就应该设定得高一些。因此交易所也会参考中央指令簿上每笔报单的报单量，以及市场总体成交量和持仓量来设定大宗交易最低交易量要求。

第三，做市商等机构投资者的大额订单需求。尤其是对于报价驱动市场，做市商是主要的流动性提供者，因此需要参考其对于大额交易的意见。但需要注意的是，交易者对于大宗交易最低交易量要求的看法是一种专家意见，专家意见存在主观成分，不同类型专家的意见之间可能缺乏一致性。

除了上述三点之外，如果是期货交易所设计期货和期权合约的大宗交易最低交易量要求，期货交易所还会考虑期货和期权标的现货市场的成交规模。衍生品市场是风险管理市场，是现货市场风险的管理工具，因此现货市场的大额订单需求通常是衍生品市场确定大额订单规模的重要参考。

表 2-3　境内股票交易大宗交易最低交易量要求（截至 2023 年 8 月）

交易所	产品	最低交易量要求
上交所	A 股	30 万股或 200 万元人民币
	B 股	30 万股或 20 万美元
深交所	A 股	30 万股或 200 万元人民币
	B 股	3 万股或 20 万元港币
北交所	股票	10 万股或 100 万元人民币

资料来源：笔者根据各交易所规则整理。

从我国三家证券交易所股票大宗交易的规定上可以看出流动性对设定最低

交易量要求的影响，上交所和深交所大宗交易的最低交易量要求较为接近，A股大宗交易的最低交易量要求均是 30 万股或 200 万元人民币（详见表 2-3）。北交所的市场流动性低于上交所和深交所，因此北交所的大宗交易最低交易量要求稍低，为 10 万股或 100 万人民币。

2. 大宗交易成交价

成交价格是大宗交易的另一个要素。投资者关注在参与大宗交易时如何为金融产品定价，而交易所关注如何监管大宗交易成交价格，防止大宗交易的双边协商定价机制被滥用成为市场操纵的工具。

大宗交易的特点之一是成交价格由交易双方协商决定，该成交价格通常会低于中央指令簿上的市场价格。如何理解这种价格偏离？多大的偏离是合理的？很多投资者认为这种偏离包含着市场信息，虽然不能否认大宗交易的成交价格会包含市场信息，但造成偏离更常见的原因是补偿流动性。大宗交易成交价格和中央指令簿撮合成交价基于不同的价格形成机制，具体来说，中央指令簿上的撮合成交价表现的是投资者对于金融产品价值的公开表达，而大宗交易的成交价格由交易双方协商决定，投资者在协商进行大额交易时，为了能够成交，会在价格上进行调整和让步，所谓的调整和让步主要是指流动性溢价。如果不通过大宗交易方式成交，大额市价订单进入中央指令簿后，可能一次性和多个报价档位的订单成交，造成市场最新成交价显著偏离之前的成交价，因此交易所应该给予大宗交易投资者一定的议价范围，议价范围应该至少覆盖大额订单造成的市场价格变动范围。因为如果议价范围低于该价格扰动范围，大宗交易不能给投资者带来合理的流动性成本议价空间，投资者完全可以不使用大宗交易方式而直接通过中央限价指令簿撮合成交。

监管机构和交易所都允许大宗交易成交价格和中央限价指令簿上价格存在

差异，并不会要求大宗交易的成交价格和中央限价指令簿上的价格严格一致，但这个价格偏离必须是合理的，投资者也不能对以大宗交易方式达成的交易随意定价。因为大宗交易的交易达成过程不透明，大幅偏离市场最优报价存在大宗交易机制被滥用的可能，也会引发其他投资者对大宗交易成交价格的过度猜测，导致大宗交易机制成为操纵市场的工具。

出于保证大宗交易制度不被滥用和维护市场公平性的目的，交易所需要监管大宗交易的成交价。在实践中，交易所没有能力也没有必要对投资者提交的每笔大宗交易逐笔进行成交价合理性检查，通常的做法是对大宗交易进行事前价格范围限制和事后抽查。事前价格限制是指在大宗交易的申报系统里设置大宗交易成交价格范围，比如要求大宗交易的成交价格必须在当日的涨跌停板价格范围内或是必须在当日市场最高价和最低价范围内，交易所不接受超过该价格范围的大宗交易申报。事后审核是指交易所定期以抽查的形式对前期达成的大宗交易的成交价格进行合理性审核。

不论是大宗交易投资者在为金融产品定价时，还是交易所在检查投资者的大宗交易成交价时，判断价格是否合理需要考虑以下因素：第一，大宗交易本身的特征，包括大宗交易订单规模和大宗交易参与双方的具体情况；第二，市场的特征，包括该只股票或期货合约在中央指令簿上的最新成交价与成交量，以及该只股票或期货合约其他大宗交易的成交价和成交量；第三，相关市场的特征，包括期货标的现货市场和相关期货市场。

（四）大宗交易的应用

大宗交易在证券市场经常被用作大股东减持和公司收购的工具。在衍生品市场，大宗交易的应用更为广泛，被运用于满足多种风险管理和策略交易需求。

一是临近交割月的合约移仓。临近最后交易日，合约的流动性会变差，大规模移仓会对中央指令簿造成流动性冲击，造成价格不合理波动，而大宗交易可以避免上述问题，帮助投资者顺利将持仓转移到次月合约。二是期货的跨期价差套利、跨品种价差套利等策略交易需求。策略交易通常涉及多个合约月份和期货品种，国债收益率曲线策略就需要同时交易不同期限的国债期货产品，比如买入 10 年期国债期货并卖出 2 年期国债期货，如果通过中央指令簿达成该交易策略，则可能出现 10 年期国债期货完成建仓，但是 2 年期国债期货的交易指令没有成交的情况，导致交易策略执行失败。大宗交易可为特定的交易策略实现快速的建仓和平仓。三是期货做市商的库存管理。期货做市商在主力合约更替、做市仓位调整等情况下具有大宗交易需求，期货做市商可以运用大宗交易进行做市库存管理，提高做市交易效率。

（五）大宗交易为何难以达成

在实践中，虽然很多交易所支持大宗交易方式，但以大宗交易方式成交的交易占比不高，有大额交易需求的投资者很难找到交易对手，做市商这样的流动性提供者也并不愿意为大宗交易提供流动性。造成大宗交易难以成交的原因有两个，一是担忧信息不对称，流动性提供者不愿意为大宗交易提供流动性。二是担忧大宗交易达成过程中以及达成后的交易信息暴露，有大额交易需求的投资者更愿意采用拆单的方式成交，而不是使用大宗交易方式。

1. 非竞争性交易和信息不对称

信息不对称是金融市场的固有缺陷之一，在任何市场，以任何交易方式交易时都有可能出现，但这个问题对于大宗交易这样的非竞争性交易方式的影响格外显著，信息不对称问题直接导致了大宗交易很难寻找交易对手。在这里有必要解释一下大宗交易中的各方的角色以及盈利模式：有大额交易需求的投资者会寻找流动性提供者达成大宗交易，为了补偿流动性提供者向其提供的流动性，大宗交易的需求方会在价格上对流动性提供者让步，使得大宗交易的成交价对于流动性提供者而言优于中央限价指令簿上的价格。流动性提供者在获得了大额的持仓后，会通过将大额订单拆单的方式通过中央限价指令簿平仓。在这个过程中，流动性提供者赚取的主要是流动性溢价，流动性提供者通常不会对大宗交易的金融产品的价值进行判断。因此当流动性提供者担忧大宗交易的需求方具有信息优势时，即掌握有其不知道的可能影响金融产品价值判断的信息时，就不愿意参与大宗交易。比如一家上市公司的管理层人员可能希望通过大宗交易方式减持股份，而作为其对手方的证券公司会担忧该名管理层人员是否掌握了关于公司经营状况的内部信息。

2. 非竞争性交易和交易信息暴露

另一个影响大宗交易活跃度的因素是信息暴露问题。大宗交易的特点是交易通过协商方式达成，相对于中央指令簿撮合，大宗交易的达成速度相对较慢，在交易达成的任何一个环节都有交易信息暴露的风险。具体来说，有大额交易需求的投资者首先需要联系多个流动性提供者以寻找合适的交易对手，在确定了交易对手方并和其达成了交易后，还需要通过经纪商将成交信息报告给交易所。在这个过程中，流动性提供者和经纪商等市场中介机构都获得了大额交易的信息。大额交易需求方的交易意图被提前泄露给了市场，一些交易者可能会赶在大宗交易被报告给交易所确认之前进行抢跑交易，导致市场价格向不利于大宗交易需求方的方向变动，损害其利益。

四

期转现交易

期转现交易是一种衍生品市场特有的非竞争性交易方式，境内市场对其的认知程度较低。虽然境内期货交易所都推出了该业务，但即使是一些参与过衍生品交易的机构投资者都不熟悉这种交易方式，不知道该如何参与期转现交易。虽然我国市场对期转现交易的认知度不及大宗交易，但期转现交易的历史更为悠久，可以追溯到 20 世纪 30 年代的美国——1937 年通过的美国《商品交易法》（*Commodity Exchange Act*）就已经允许交易所使用期转现交易方式。

（一）期转现交易概述

期转现交易是指交易双方通过协商方式，同时达成一笔衍生品交易以及一笔与该衍生品交易方向相反、价值相当的标的资产的交易。和大宗交易一样，期转现交易由双方在中央限价指令簿之外协商达成，达成后将成交信息报告给交易所。但和大宗交易不同，期转现交易由两条"腿"构成，一条腿是期货交易，另一条腿则是该期货标的现货交易，图 2-3 是期转现交易的交易结构示意图。期货交易所要求投资者报告期转现交易中的现货成交信息，比如国债期货的期转现交易要求投资者报告国债交易的交易量和成交价格，但是这仅是为了

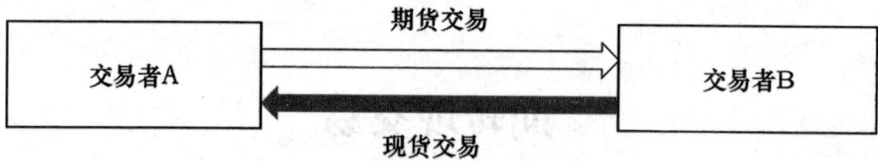

图 2-3　期转现交易的交易结构

合规性审核目的，期货交易所不负责现货交易的登记和结算。

如图 2-3 所示，在期转现交易中，一方是期货合约的买方和现货的卖方，其对手方则是期货合约的卖方和现货的买方。这种独特的交易结构和其产生背景有关。早期的期转现交易主要应用于实物交割的商品期货。实体企业经常有交割可交割品级范围外的商品的需求，比如玉米期货合约规定只有含水量 14% 以下的玉米才能用于交割，但是玉米种植者可能希望交割含水量 16% 的玉米。实体企业还可能希望在交割期之前进行交割。因此交易所推出了期转现交易方式，如果持有玉米期货空头的玉米种植者可以找到一个愿意接受含水量 16% 的玉米且持有玉米期货多头的加工商，则可以和该加工商达成期转现交易，玉米种植者（期货空头）将玉米卖给加工商，同时从加工商处买入期货多头持仓以实现平仓。随着 20 世纪 80 年代金融衍生品的蓬勃发展，期转现交易这种要求同时进行方向相反的期货和现货交易的交易结构，正好匹配金融衍生品市场中投资者使用期货对现货进行风险管理和进行基差交易的需求，因此期转现交易被拓展到了现金交割的金融衍生品，并且交易双方也不必像上述玉米期货例子中一样，需先有期货持仓才能进行期转现交易，即交易双方可以利用期转现交易开新仓。

虽然境外市场普遍将期转现交易视为一种交易方式，但境内大部分商品期货交易所认为期转现交易是一种交割方式。境内商品期货市场推出期转现交易主要是为了满足投资者提前交割的需求，并不视期转现交易为交易方式，因此境内商品期货交易所的期转现交易并不能用于期货开新仓，只能用于平仓。中金所的国债期货期转现交易采用了和境外相同的规定，即认为期转现交易是一种交易方式，允许投资者通过期转现交易进行期货开仓。本书对期转现交易的描述遵循交易所行业的普遍做法，即认为期转现是一种交易方式。

（二）期转现交易要素

初次接触期转现交易概念的投资者对于如何进行期转现交易往往存在三个疑惑，一是期转现交易的现货范围必须和期货的交割范围保持一致吗？即只有可交割现货才能用于期转现交易的现货端交易吗？二是任何由交易方向相反的期货交易和现货交易构成的组合交易都可以被称为期转现交易吗？三是交易所是否限制期转现交易的成交价格？下述内容就是对这 3 个问题的解答。

1. 现货范围

虽然期转现交易最早被用于灵活实现交割，但是经过多年的发展，期转现交易方式已经被广泛用于套利交易策略和风险管理，因此期转现交易的现货范围不再局限于期货的交割范围，一些不能用于交割的金融资产也可作为期转现交易的现货端。以中金所国债期货的期转现交易为例，国债期货的可交割标的仅为国债，但是期转现交易可接受的金融产品范围包括国债、地方政府债、政策性金融债和债券远期合约。概括而言，期转现交易可接受的现货范围非常广泛，一些现金交割的期货也可以进行期转现交易，比如股指期货就可以以期转现交易方式成交①，这些现金交割的期货品种是没有可交割标的的，更证明了期转现交易的现货端不局限于可交割现货。期转现交易现货范围一般是和该期货品种有价格相关性的金融资产。在这样的背景下，期转现交易的期现匹配标准必须灵活，需要满足投资者合理利用期转现交易进行风险管理和期现基差交易的需求。

2. 期现价值匹配

期转现交易要求现货和期货交易"价值匹配"，这是两笔交易组合起来可以构成期转现交易的前提。如果期货端交易和现货端交易并不匹配，则存在期转现交易制度被滥用的可能性。以国债期货进行举例，假设交易所大宗交易的最低交易量要求是300手，如果期转现交易规则中未要求期货和现货交易必须价值匹配，投资者可以通过期转现交易来规避大宗交易的最低交易量要求。假设两个投资者希望协商达成10手国债期货（假设10手国债期货对应票面价值为1千万元的国债）的交易，由于10手低于大宗交易量最低交易量要求，投资者无法通过大宗交易方式实现其交易需求，但投资者可以改为向交易所报告其进行了一笔期转现交易——期货交易端为10手国债期货，现货端是1万面值的国债交易。可以看出，在这笔期转现交易中，国债的价值相对国债期货可以忽略不计，这笔交易的实质是期货交易，投资者从而通过期转现交易规避了大宗交易的最低交易量要求，交易所要求期现价值相当正是为了防止这种滥用期转现交易的情况出现。

---

① 目前我国的股指期货尚不能进行期转现交易，但是芝加哥商业交易所、洲际交易所和澳大利亚证券交易所等境外交易所的股指期货可以进行期转现交易。

期现价值匹配的要求看似严苛，实际较为灵活，这里的"价值"是一种广义的价值，数量匹配、价值匹配和风险匹配都可以被认为是"价值匹配"。具体以哪种匹配方式作为判断标准，和进行期转现交易的期货产品类型以及现货资产有关。在实务中，投资者进行期转现交易时，只要符合其中任何一个匹配标准，交易所就会认为该笔期转现交易是合规的。商品期货进行期转现交易通常基于"数量匹配"，数量匹配是指现货交易端的现货成交量和期货合约对应的标的数量相等或近似。这是最原始的匹配标准，其需求来源是使用期转现交易进行提前交割。

金融衍生品的期转现交易则通常基于"风险匹配"或"价值匹配"。价值匹配是指现货交易的价值和期货合约交易价值一致[①]，比如进行股指期货的期转现交易时，作为期货端的股指期货交易的价值和作为现货端的股票交易的价值一致。风险匹配则是金融期货品种最常用的期现匹配标准。这种匹配方式主要是来源于使用期转现交易进行基差交易的需求。对于不同的产品，风险匹配使用的风险因素不同。对于股指期货，通常使用 Beta 值作为风险因子来判断风险匹配，而对于国债期货，则一般使用修正久期（Modified Duration）或者基点价值（Price Value of a Basis Point，简称 PVBP 或 PV01）。

3. 期转现交易的成交价格

和大宗交易类似，期转现交易中的期货成交价同样不是产生于中央限价指令簿，而是依靠交易双方协商达成，因此相比于撮合形成的期货成交价，期转现交易的成交价格有很高的自主性和灵活性。虽然通过期转现交易方式达成的

---

① 交易所一般不会要求期货交易和现货交易的价值完全一致，会给予交易者一定容忍度。

期货交易的成交价不会计入市场最新价、收盘价和结算价的计算，即不会影响中央指令簿，但是交易所也会对双方提交的期转现交易的期货成交价格进行审核，防止该价格过度偏离当前市场价格。

实务中，交易所对期转现交易的价格监管相比于大宗交易更为宽松，有涨跌停板制度的交易所，会要求期货端的价格在涨跌停板范围内，没有涨跌停板制度的交易所，一般原则性要求期货价格不能偏离市场价格。比如中金所国债期货期转现交易的价格要求为"国债期货期转现交易的期货合约成交价格由交易双方协商确定，但应当在交易所确认当日该期货合约涨跌停板价格范围内，并且与期转现交易协商一致时间该期货合约最新价的偏离不得超过合理范围"。

交易所之所以并不严格监管以期转现交易方式达成的期货成交价格，是因为期转现交易本质上是一种基差交易，投资者交易的是现货和期货的价差，考察期转现交易成交价的合理性不能仅评价期货成交价格。

（三）期转现交易的应用

因为不熟悉如何应用期转现交易，我国市场的投资者很少使用该交易方式。但期转现交易为各类同时涉及现货交易和期货交易的风险管理策略和交易策略提供了操作可能性，实际上有很多应用场景。在不断追求交易速度和效率的境外金融市场，期转现交易方式在推出后的 80 年依然维持一定市场占比绝非偶然。本书以国债期货为例，介绍几种期转现交易常见的应用场景。

1. 债券发行方管理利率风险

公司债发行人经常使用期转现交易方式实现债券发行套保。债券发行人使用发债的方式募集资金，发行公告日和债券招标日之间的利率上升将导致融资成本上升。债券发行公告日和债券实际招标日之间可能间隔多日，因此利率上升导致的成本不能忽略。为了对冲利率上升的风险，债券发行人通常进行发行套期保值，具体的操作方式是：在债券公告日以计划发行利率作为期货价格卖出期货合约，并在债券招标日以当时的利率水平对期货平仓。发行套期保值成功的关键在于可否以目标价格完成期货平仓。套保者在招标日卖出了债券，但却面临处置期货空头持仓的困局——为套保而建立的期货持仓的规模较大，一旦订单进入中央指令簿，大额订单会影响当前市场价格，导致套保者以目标价格完成期货平仓的希望落空。而期转现交易方式为发行人提供了理想的解决方案——发行人在债券招标日和承销商通过期转现交易方式结束套保，即向承销商卖出债券，同时买入期货平仓。通过期转现交易，债券发行人简单便捷地实现了发行风险管理和债券发行。虽然债券承销商在获得债券的同时也因此获得了期货空头持仓，但是作为专业金融机构的债券承销商，可以通过拆单的方式在不影响市场价格的情况下完成期货空头平仓。这种通过期转现交易来帮助债券发行人管理利率风险的服务通常是债券承销服务的一部分。

2. 做市商库存管理

在境外市场，债券做市商是国债期货期转现交易的活跃参与者。做市商作为债券市场流动性的提供者，通过赚取买卖价差获利——做市商买入客户卖出的债券，并择时将债券转手。为了持续在债券市场进行买卖，做市商需要持有一定的债券库存，而期转现交易是做市商高效实现债券库存管理的工具，具体来说，做市商一般使用国债期货对债券底仓进行风险管理，因此当做市商处理债券现货时，也需要同时了结用于风险对冲的期货持仓。做市商可通过期转现交易（卖出债券现货并买入国债期货平仓）一步实现降低债券库存和平仓国债期货的操作。

3. 实施基差套利策略

基差套利机制保障了期货和现货价格不会偏离公允价值，期转现交易既可以帮助投资者建立基差套利持仓组合，也可以帮助其退出基差套利持仓组合。具体而言，当国债基差交易者认为期现基差[①]过大时会卖出债券并买入期货，当基差过小时，则会进行相反操作。然而一些进行基差套利的投资者的资金有限，债券库存管理能力不足，因此并不能长期持有债券和期货持仓以等待基差收敛。如果基差未及时收敛，而投资者又无法承担维持基差套利持仓组合的成本时，期转现交易可以帮助投资者快速了结期货和现货持仓，退出基差套利交易策略，由愿意等待基差收敛的投资者继续持有基差套利持仓。

（四）大宗交易和期转现交易能否相互替代

一些投资者认为大宗交易和期转现交易的功能类似，不明白交易所为何同时推出大宗交易和期转现交易两种非竞争性交易方式。期转现交易和大宗交易的确有相似之处，两种交易方式都是双边协商交易方式，主要特点都是可以脱离中央指令簿匿名报价的限制，和指定的交易对手以指定价格成交，但这两种交易方式实际并不能完全相互替代。

对于投资者，两种协商交易方式的差异有二：一是期转现交易没有最低交

[①] 国债期现基差 = 国债现货价格 − 期货价格 × 转换因子。

易量的要求，而大宗交易有最低交易量要求；二是期转现交易的本质是交易期货和现货的基差，可以保证期货和现货交易同时成交，锁定期现基差，因此主要被用于实现期现套利交易策略。

对于期货交易所，期转现交易制度有助于提高业务灵活性。具体来说，期转现交易扩展了衍生品的交割制度，增加了交割灵活性。一是把交割时间从交割月扩大到了整个合约挂牌期间；二是扩大了可交割的现货范围，一些境外交易所允许现金交割的股指期货进行期转现，现货端交易的资产是指数 ETF 或一篮子股票，实际上是允许投资者使用 ETF 或一篮子股票进行股指期货交割。我国的国债期货期转现交易也允许投资者以地方政府债和政策性金融债作为现货端交易。并且通过期转现交易，交割价格不受中央指令簿的期货交割结算价制约，投资者可以在场外自主寻找交割对手、协商现货种类、协商现货和期货价格、选择交割时间，有利于从根本上降低期货逼仓风险。

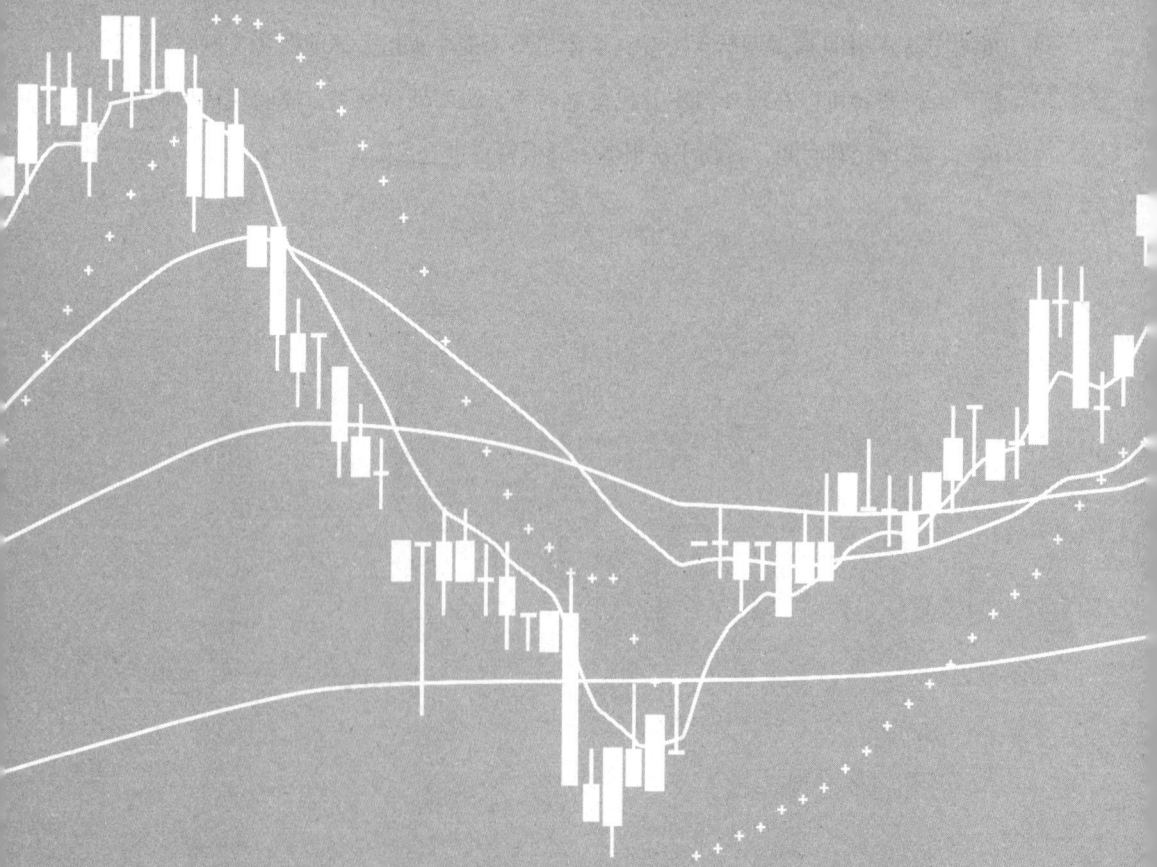

第三章

指令和撮合算法

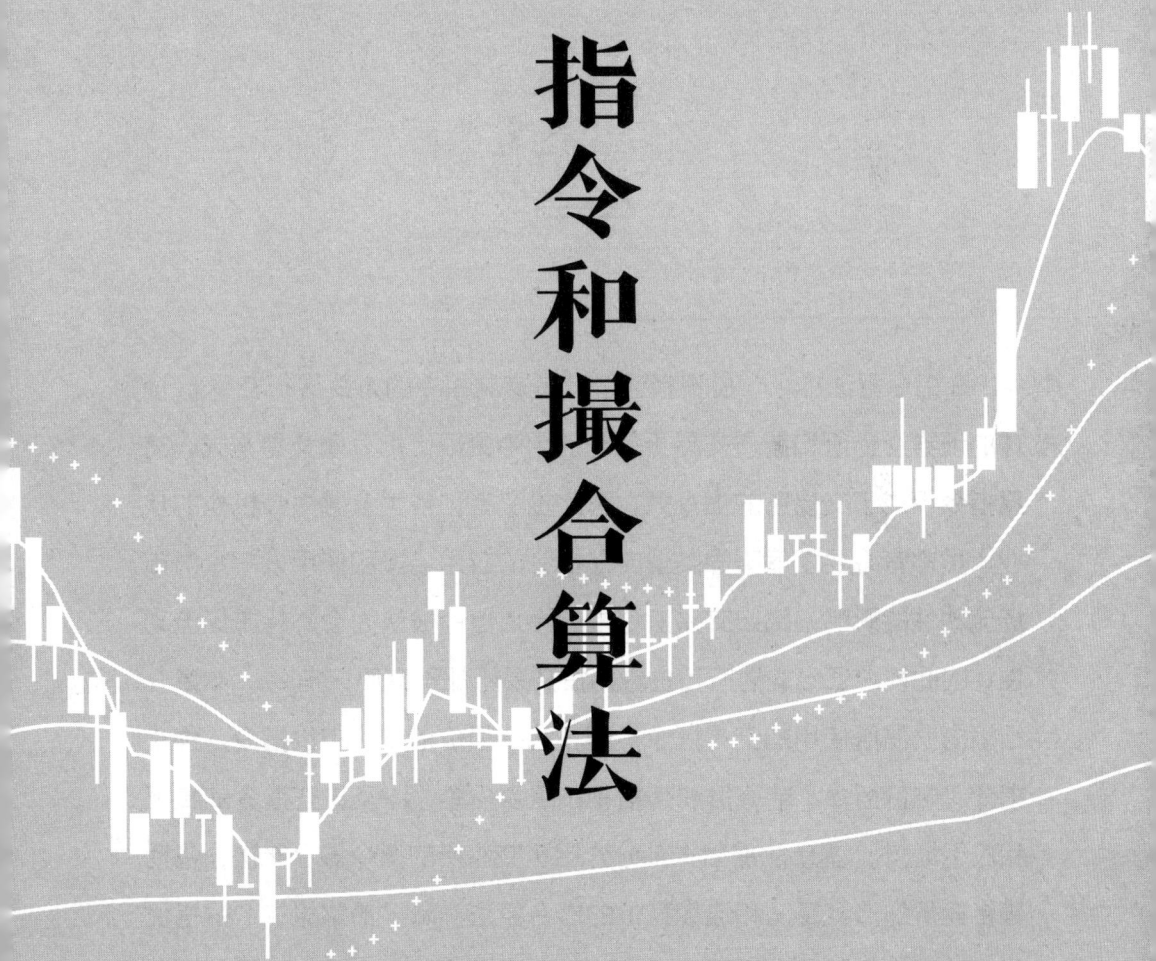

在指令驱动市场，投资者通过发送交易指令的方式进行交易。全球的证券交易所和期货交易所主要采用中央限价指令簿交易方式，交易指令组成了交易所的指令簿，因此投资者和各类金融中介机构的从业人员都有必要了解不同类型交易指令的应用场景和使用该指令对市场流动性的影响，比如交易指令中的停止指令被认为会消耗市场流动性，因此境内证券交易所和金融期货交易所都不使用该指令。本章介绍境内交易所使用的交易指令类型，包括限价指令、市价指令、停止指令、触价指令、结算价成交指令和组合指令，以及这些指令的特征和应用场景。本章的最后一部分介绍了交易所的指令撮合算法，包括集合竞价的撮合算法和连续竞价的撮合算法，除了最常见的"价格优先，时间优先"撮合算法，还介绍了"价格优先，按比例分配"撮合算法，这两种算法对高频交易和市场流动性的影响不同。投资者应该关注交易所使用的指令类型和撮合算法类型，以更好地规划自己的交易行为。

基础交易指令类型

交易指令（Order）是投资者发送给经纪商①或交易所的交易指示，投资者以交易指令的方式表示其交易意向，因此交易指令必须包含投资者希望交易的资产信息、买卖方向信息（衍生品交易还要包括开平方向）、买卖数量信息和买卖价格信息。交易指令还可能包含交易意向生效的时限，以及是否接受部分成交等信息。

（一）限价指令、市价指令、停止指令和触价指令

限价指令（Limit order）、市价指令（Market order）、停止指令（Stop order）和触价指令（Market-if-touch order）是四种基础的交易指令。限价指令是指投资者既明确了买卖数量又指定了价格的交易指令，该指令只能以优于或等于指定价格成交。市价指令是指投资者只限定了买卖数量而并不指定价

---

① 经纪商通常是交易所的会员，在境内市场，对于证券交易所而言，经纪商是指证券公司；对于期货交易所而言，经纪商是指期货公司。

格的交易指令。停止指令和触价指令都是指市场价格一旦达到投资者预先设定的价格水平时即转变为市价指令的交易指令。

1. 限价指令

投资者发送限价指令的目的是希望以限定的价格或者更优价格成交。具体来说，限价指令在买入时，必须在其限价或者限价以下的价格成交。在卖出时，必须在其限价或者限价以上的价格成交。

当投资者希望提高成交价的可控性时，会使用限价指令，因此高频交易主要通过限价指令成交。限价指令可以保证成交价格为指定价格甚至优于指定价格，但是能否成交或是能否全部成交却是不确定的。因此限价指令的缺点也非常明显，在市场情况变化较快时，使用限价指令可能会使投资者错失交易机会。

对于交易所而言，限价指令是构成中央限价指令簿的基础，没有限价指令，中央限价指令簿无法运行。并且使用限价指令更利于提高市场透明度，因为和市价指令不同，没有立即成交的限价指令会停留在交易所的中央限价指令簿上，起到向投资者展示市场深度的作用。

2. 市价指令

市价指令不限定价格，按照当时市场上可执行的报价撮合成交，市价指令只能和限价指令撮合成交。和限价指令正好相反，市价指令通常可以保证成交[1]，但是不能保证成交的价格。

　　一些刚接触市价指令概念的投资者可能会误认为市价指令只能和市场上最优的价格成交，这种观点是片面的。和市场上最优价成交的市价指令被称为"最优一档即时成交指令"，该指令以中央限价指令簿上对手方实时最优一档报价为成交价格。市价指令实际上非常灵活，境内证券交易所和期货交易所除了提供"最优一档即时成交指令"，还提供"最优五档即时成交指令"等市价指令类型。"最优五档即时成交指令"是指不限定价格，以中央限价指令簿上对手方实时最优五个价位内的报价为成交价格依次成交。

　　市价指令和限价指令还可以相互转换，比如境内交易所使用的"最优一档市价即时成交剩余转限价指令"。该指令是指不限定价格，以中央指令簿上对手方实时最优一档报价为成交价格成交，未成交部分自动转为以最新成交价为委托价格的限价指令。

　　表3-1是一个简化的中央限价指令簿，解释了"最优一档即时成交剩余转限价指令"进入中央限价指令簿后如何被撮合。

　　在本例中，投资者使用"最优一档即时成交剩余转限价指令"买入400股股票，该买入交易委托进入中央限价指令簿后，会首先和"卖一"价格档位上的交易指令成交，但由于"卖一"价格档位上可以提供的成交量只有100股，因此撮合结果为成交100股，成交价为100元。没有完全成交的委托将以限价指令的形式保存在本方报价队列（买入队列）中，该限价指令的报单价格为已成交部分的成交价，也就是指令进入中央指令簿时对手方队列的最优价格，因此剩余300股以报价为100元的限价指令的形式保存在买入队列中，成为新的

---

[1] 一般情况下，市价指令可以保证成交，但是市价指令也存在不能成交的可能性，如果中央指令簿的深度不够，没有对手方在相反方向下单，可能出现市价指令也不能成交的情况。

表 3-1 "最优一档即时成交剩余转限价指令"撮合结果

交易指令被执行前				交易指令被执行后		
档位	价格（单位：元）	数量（单位：股）		档位	价格（单位：元）	数量（单位：股）
卖五	104	500		卖五	105	200
卖四	103	100		卖四	104	500
卖三	102	100	**委托**：买入 400 股。	卖三	103	100
卖二	101	200		卖二	102	100
卖一	100	100	**市价指令类型**：最优一档即时成交剩余转限价指令。	卖一	101	200
				撮合结果：成交 100 股，成交价 100 元。剩余 300 股以报价为 100 元的限价指令的形式保留在中央限价指令簿的买一档位。		
买一	99	300		买一	**100**	**300**
买二	98	100		买二	99	300
买三	97	100		买三	98	100
买四	96	500		买四	97	100
买五	95	200		买五	96	500

"买一"价格（详见表3-1中加粗部分）。

一些市场观点认为市价指令会消耗中央限价指令簿上的流动性。以"最优五档即时成交指令"为例，投资者可能会通过该交易指令将中央限价指令簿上最优五个价位内的对手方报单一扫而空。市价指令还可能和"钓鱼单"成交，导致市场价格突然出现波动，"钓鱼单"是指市场投机者会在流动性差的股票或者期货合约的涨跌停价格上报价，以涨停板价格挂卖出报单，以跌停板价格挂买入报单，以钓取对手单。当市场波动加大，一些投资者会急迫地报出市价指令，此时由于成交量较少，钓鱼单就可以成交获利，我国期货市场的"钓鱼单"问题就曾经非常突出。因为一些交易所认为市价指令对流动性有负面影响，所以限制市价指令的使用，比如日本大阪交易所的日经225分红指数期货（Nikkei 225 Dividend Index Futures）不能使用市价指令交易，境内的上期所和其旗下的上期能源的所有产品都不能使用市价指令，而中金所对于一些流动性差的期货合约（比如远季合约）也不允许使用市价指令①，市价指令的每次最大下单手数也少于限价指令。

但实际上通过限价指令同样可以实现消耗流动性的操作，比如投资者可以在不同的价格档位上分别下达限价指令，也可能会将中央限价指令簿上各档位的报单一扫而空。在程序化交易并不发达的时期，通过市价指令实现上述操作会快于使用限价指令，因此认为市价指令比限价指令更容易消耗流动性的观点有一定合理性，但是目前金融市场的程序化交易已经非常普遍，如果使用程序化下单手段，那么使用限价指令也可以快速扫光中央限价指令簿上的流动性，比如高频交易者就主要使用限价指令进行交易。

---

① 中国金融期货交易所，关于暂停接受季月合约市价指令申报的通知，2011 年 7 月 29 日。

3. 停止指令

停止指令的英文名称为"Stop order"，直接翻译为"停止指令"，境内期货交易所称该指令为"止损指令"。实际上称这种指令为"触发指令"更符合其运行特点，因为停止指令是一种当市场价格触及特定价格（停止价格，英文为 Stop price）时，以市场价买入或卖出的交易指令，具体分为卖出停止指令和买入停止指令。如果股票或期货合约价格下跌触及"停止价格"，卖出停止指令会变为卖出市价指令，以市场下一次出现的成交价格卖出；如果股票或期货合约价格上涨触及"停止价格"，买入停止指令会变为买入市价指令，以市场下一次出现的成交价格买入。如果股票或期货合约价格没有触及"停止价格"，则该指令不会被执行，通常会在日终时自动撤销。

停止指令之所以被境内期货交易所称为"止损指令"，是因为卖出停止指令的应用场景之一就是帮助投资者在市场大幅下跌时控制亏损幅度。比如 Y 公司股价因利空消息突然出现下跌，由 20 元跌到了 19 元，持有 Y 公司股票的投资者不能承受 Y 公司股票继续跌到 18 元带来的损失，那么该投资者可以使用停止价格为 18.5 元的停止指令卖出 Y 公司的股票，一旦股价触及 18.5 元，即以市价卖出 Y 公司股票，投资者的损失因此得到了控制。其实停止指令不仅可以用于卖出，还可以用于买入，买入的停止指令在市场上涨至停止价格时，以市场下一次出现的成交价格买入。

在我国境内期货市场，大商所和广期所都推出了停止指令，不过两家交易所都称停止指令为止损指令。境内交易所止损指令的触发条件和典型应用场景见表 3-2。

表 3-2　我国境内止损指令的触发条件和典型应用场景

指令类型	触发条件	用途	示例
卖止损指令	最新成交价≤止损价	在市场快速下跌时，卖出金融资产，控制损失	投资者不能承受 X 公司的股票由 10 元跌到 9 元的损失，因此以中间价位 9.5 元作为止损价，通过卖止损指令卖出股票
买止损指令	最新成交价≥止损价	在市场快速上涨时，购入需要的金融资产，避免错过投资机会	投资者认为 X 公司股票在涨到 10 元后会继续上涨，以 10 元为止损价，通过买止损指令买入股票

　　停止指令还有一个常见的衍生指令——限价停止指令（Stop-limit order）。限价停止指令是指当市场价格触及特定价格时，转变为限价指令的交易指令。限价停止指令和一般的限价指令不同，只有当金融资产的价格触及到停止价格后，才会生效。举例来说，如果投资者 A 使用"限价指令"卖出 X 公司的股票，限价是 29 元，那么该价格会立刻出现在中央限价指令簿上。其他投资者因此可以看到有人愿意以 29 元卖出 X 公司的股票，如果有投资者 B 在此时下达限价为 29 元的限价买单或者市价买单，那么两个交易指令就会撮合成交。而如果投资者使用"限价停止指令"卖出 X 公司的股票，停止价格为 30 元，限价同样为 29 元。那么当股价高于 30 元时，该指令不会出现在中央限价指令簿上，其他投资者因此不知道有人愿意以 29 元卖出该股票，此时即使有投资者 B 下达限价为 29 元的限价买入指令或者市价买入指令，由于限价停止指令没有生效，两个交易指令不会撮合成交。只有当 X 公司的股价跌到 30 元时，该限价停止指令才会触发生效，此时 29 元的价格会出现在中央限价指令簿上，其他投资者可以看到有人愿意以 29 元的价格卖出该股票。

　　一些交易所会限制投资者使用停止指令，比如我国的证券交易所和金融期货交易所就都不提供停止指令。停止指令用于下跌时卖出和上涨时买入，从停止指令的功能上就可以理解为何一些交易所不提供该指令。不提供该指令的交易所通常有两方面的担忧，第一是担忧停止指令可能会增加市场动能，加剧极端行情。所谓的增加市场动能是指该指令可能会加大市场波动。停止指令经常被用于"追涨杀跌"，因此在市场出现极端行情时，该指令可能会加速市场上涨或者下跌，并且转换为市价指令的停止指令会消耗市场流动性。第二是担忧该指令在中央限价指令簿上是不可见的。停止指令在市场价格未触及停止价格前都不会生效，即使是市场价格触及了停止价格，停止指令会转换为市价指令，而市价指令不会被展示在中央限价指令簿上，如果投资者大规模使用该指令，会使得市场透明度降低。

使用该指令的交易所也有其道理。停止指令只是一种交易工具，即使投资者不使用停止指令，使用限价指令同样可以实现"追涨杀跌"。比如当市场处于下跌行情时，投资者可以通过在中央限价指令簿上预埋低价限价单的方式实现杀跌。限制停止指令不能从根本上防范市场的"追涨杀跌"行为，反而会限制投资者使用停止指令进行风险控制的正常交易需求。

4. 触价指令

触价指定（Market-if-touch order）和停止指令类似，也是一种触发型指令。触价指令分为买入和卖出，如果股票或期货合约价格下跌触及"触发价格"，买入触价指令会变为买入市价指令，以市场下一次出现的成交价格买入；如果股票或期货合约价格上涨触及"触发价格"，卖出触价指令会变为卖出市价指令，以市场下一次出现的成交价格卖出。虽然都是在市场价格触及到特定价格时转变为市价指令，但触价指令的买卖方向和停止指令正好相反，停止指令的效果是价格上涨到停止价格时买入或价格下跌到停止价格时卖出，而触价指令的效果是价格下跌到触发价格时买入或价格上涨到触发价格时卖出。

我国的大商所和广期所都推出了触价指令，境内期货交易所称触价指令为"止盈指令"，并且支持买入和卖出两种止盈指令，这两种指令的触发条件和典型应用场景见表3-3。

表3-3　我国境内止盈指令的触发条件和典型应用场景

指令类型	触发条件	用途	示例
卖止盈指令	最新成交价≥止盈价	在市场价格快速上涨时，卖出金融资产，实现一定幅度的盈利	投资者的盈利目标是X公司股票由10元涨到12元，因此以12元为止盈价，通过卖止盈指令卖出股票，锁定收益
买止盈指令	最新成交价≤止盈价	在市场价格快速下跌时，实现空头持仓的盈利	投资者持有X公司股票的空头，成本价为15元，投资者在市场价格为20元时提交了买止盈指令，以10元为止盈价，当股价跌至10元时，投资者以市价买入平仓，实现空头持仓盈利

在境外市场的指令分类中，触价指令和停止指令是两种不同的指令，但由于这两类指令本质上类似，都是在市场价格到达特定价格时触发生效，因此我国期货交易所一般对触价指令和停止指令统一规定和监管。

触价指令通常被认为可以降低市场波动，因为触价指令在市场下跌到触发价格时以市价买入，或是在市场上涨到触发价格时以市价卖出，能起到一定平抑波动的作用。但是依然有很多交易所不支持触价指令，因为触价指令的使用频率不高。具体来说，第一，触价指令的应用场景有限。买入触价指令主要用于有卖空机制的市场，比如衍生品市场。当市场没有卖空机制，或者卖空机制不太健全时，这种指令的应用场景不多。第二，投资者更喜欢使用限价指令来实现触价指令的功能。卖出触价指令用于实现在市场价格上涨到目标水平时卖出，但是实务中，投资者一般是等待市场价格上涨，然后以限价指令卖出，使用限价指令的成交价确定性更高，因为触价指令一旦触发生效，即使市场方向出现变化，触价指令也不会撤销。举例来说，假设当前市场价格是10元，投资者下达了触发价格是11元的卖出触价指令，市场价格涨到了11元。触价指令被触发并生效，但是市场价格立刻回落，并下降到11元以下，投资者将以低于11元的价格成交。

除了使用频率不高外，从交易所的角度，因为触价指令不会被展示在中央限价指令簿上，所以如果市场大规模使用触价指令，会降低市场透明度。

（二）指令生效期限属性和执行比例属性

交易指令可以附加属性，交易指令所附的属性分为两类，分别是生效期限属性（Duration type）和执行比例属性（Execution type）。生效期限属性帮助交易所的交易系统判断指令的有效期，而执行比例属性帮助交易系统判断指令部分成交时未成交部分的处理方式。

1. 生效期限属性

常见的生效期限属性类型和含义见表3-4。

表 3-4　常见生效期限属性类型和含义

生效期限属性类型	含义
当日有效 (Good For Day，简称 GFD)	指令在本交易日的交易时段一直有效，若未成交，则在本日收盘时自动撤销
撤销前有效 (Good Till Cancel，简称 GTC)	指令在投资者主动撤销之前一直有效 [1]
限时有效 (Good Till Date，简称 GTD)	指令在投资者指定的期限内一直有效

　　"当日有效"通常是默认的指令期限属性，即如果投资者不特别指定期限属性，该指令就自动是"当日有效"指令。总体来说，实务中支持"限时有效"和"撤销前有效"期限属性的交易所比较少。这两个属性可以让指令在很长一段期限内一直有效，期限甚至可以是几个交易日。交易所之所以很少允许投资者使用"限时有效"期限属性，主要是为了提高市场效率，因为如果交易指令连续几个交易日都停留在交易所的交易系统中，会一直消耗系统资源，而当投资者撤销过时的交易指令时，还需要下达撤销指令，也会消耗系统资源，效率很低。除了会降低交易系统的效率，从投资者的角度看，在高波动且高流动性的市场，附加"限时有效"属性还可能会导致投资者因来不及撤单而出现损失，比如投资者下达了限时有效期限为 3 个交易日的限价买入指令，市场在第二个交易日突然出现急速下跌，投资者没有来得及撤销买入指令，指令在高价成交，导致投资者出现损失。

---

[1] 如果投资者没有主动撤销，对 GTD 指令如何处理因交易所而异，有的交易所允许 GTD 交易指令连续几个交易日有效，有的交易日则规定 GTD 指令在本节交易时段结束时自动撤销。

生效期限属性主要是附加在限价指令和停止指令上，对于市价指令是否可以附生效期限属性，不同交易所的做法不一样。一些交易所的市价指令如果不能立即成交，则未成交部分立即撤销，但是一些交易所的市价指令可以附生效期限，比如可以附 GFD，即市价指令全天有效。从理论上说，生效期限属性和投资者使用市价指令进行交易的目的存在一定矛盾。投资者使用市价指令是为了快速成交，虽然市价指令不能保证投资者以最优的价格成交，但是可以保证成交速度，而生效期限属性主要是为了服务不太追求成交速度、愿意在一段时间内等待成交机会的投资者。由此可以看出，生效期限属性更适合和限价指令相配合，因为限价指令与市价指令相反，使用限价指令的投资者希望保证成交价，因此有需求通过附加期限条件，比如让限价指令在整个交易日内都有效，来等待其满意的价格出现。

2. 执行比例属性

常见的执行比例属性类型和含义见表 3-5。理论上，市价指令和限价指令都可以附加执行比例属性，但是在实务中，是否允许指令附属性，以及允许附加哪些属性都由交易所决定，比如中金所不允许市价指令附"即时全部成交或撤销（FOK）[①]"属性，而日本交易所集团的市价指令和限价指令都可以附 FAK 属性和 FOK 属性。

[①] 中金所的市价指令不能附 FOK 属性，但是中金所支持最优一档即时成交剩余撤销的市价指令，即中金所市价指令可以附 FAK 属性。

表 3-5　常见执行比例属性类型和含义

执行比例属性类型 ①	含义
即时成交剩余当日有效（Fill and Store，简称 FAS ）	指令部分成交后，未成交部分会留在交易系统中，但未成交的部分在收市后自动被系统撤销。
即时成交剩余撤销 (Fill and Kill，简称 FAK)	指令部分成交后，未成交部分自动被系统撤销。
即时全部成交或撤销 (Fill or Kill，简称 FOK)	指令须按照指定数量全部成交，否则自动被系统撤销。

　　FAS 属性通常是默认属性，一般来说，如果订单只是部分成交，剩余部分会停留在中央指令簿中继续等待成交机会。FAK 属性和 FOK 属性则是增加了交易指令执行上的灵活度，比如当市场价格变化很快时，投资者就更愿意使用 FAK 指令，因为市场价格随时可能变化，撤销未成交部分并重新按照新的市场价下单，可以帮助投资者在更优的价格上达成交易。附加了 FOK 属性的交易指令比附加了 FAS 属性或 FAK 属性的交易指令更难成交，因为有 FOK 属性的交易指令"绝不妥协"，如果不能全部成交就选择不成交。但是依然有投资者愿为指令附加 FOK 属性，因为如果将大单分批成交，则可能要支付更多的固定成本，或者基金管理人希望以一个统一的价格为股票建仓或减仓。

　　高频交易者会使用附加 FAK 属性和 FOK 属性的限价指令试探市场深度和大额订单，比如高频交易者使用附加 FOK 属性的限价指令下达小额订单，如果小额订单可以立刻成交，则说明在该价格档位存在大额订单，如果订单没能成交，因为高频交易者可以快速撤单，其他投资者也无法知道高频交易者的行为。

---

① 我国境内不同交易所订单执行比例属性的名称不一样，大商所称 FAK 属性为"立即成交和撤销"，中金所则称为"即时成交剩余撤销"。

这种高频交易策略被称为流动性侦测策略（Liquidity detection）[1]。

在实务中，一些交易所不允许市价指令附执行比例属性或者是限制可以附加的执行比例属性类型，主要是为了降低业务复杂度和提高系统处理效率，如果交易指令可以附加的属性太多，则交易系统需要进行大量的逻辑判断，会拖慢系统的撮合速度。

（三）境内交易所使用的交易指令

因上市产品不同和投资者交易习惯不同，境内证券交易所和期货交易所支持的交易指令类型存在差异，截至 2023 年 8 月，3 家证券交易所和 6 家期货交易所支持的指令类型见表 3-6。

可以看出，限价指令和市价指令是最常用的交易指令类型，几乎境内所有的交易所都使用这两种交易指令，只有上期所和其附属的上期能源不支持市价指令。但是对于停止指令、触价指令、结算价成交指令和组合指令这四类指令则不是所有交易所都使用，目前只有大商所和广期所支持停止指令和触价指令，只有上期所支持结算价成交指令。

交易所在选择交易指令时有多方面的考虑，第一，交易所要在满足投资者需求和维护市场稳定之间进行权衡。在前面也提到过，一些市场观点认为停止指令和市价指令会消耗市场流动性，尤其是停止指令可能被用于追涨杀跌，会增加市场动能，如果交易所支持这类观点，那么为了防止投资者使用这些交易指令来消耗市场流动性，交易所会限制投资者使用市价指令和停止指令。反

---

[1] 关于流动性侦测的详细讨论见本书第七章"高频交易"。

表 3-6　境内交易所支持的交易指令类型（统计截至 2023 年 8 月）

交易所	限价指令	市价指令	停止指令	触价指令	结算价成交指令①	组合指令②
上海证券交易所	√	√				
深圳证券交易所	√	√				
北京证券交易所	√	√				
郑州商品交易所	√	√				√
大连商品交易所	√	√	√	√		√
上海期货交易所	√				√	
上海国际能源交易中心	√				√	
广州期货交易所	√		√	√		√
中国金融期货交易所	√	√				

资料来源：笔者根据各交易所交易规则整理。

① 结算价成交指令允许投资者以结算价成交，或是以结算价上下一定范围内的价格成交。关于结算价成交指令的详细介绍见本章"结算价成交指令"一节。

② 组合指令允许投资者通过一个交易指令同时成交多个衍生品合约，主要用于衍生品市场实现套利策略，关于组合指令的详细介绍见本章"组合指令"一节。

之，如果交易所对市价指令和停止指令持中性观点，认为任何交易指令都可能被用于消耗市场流动性，交易指令本身只是一种交易工具，那么交易所就会无差别地支持各种交易指令的使用。

第二，交易所会考虑交易指令对于市场透明度的影响。交易所有维护市场透明度的责任，一些交易指令在中央限价指令簿上是不可见的，因此交易所出于提高市场透明度的目的就会限制这类交易指令的应用。比如境外很多交易所都支持冰山指令（Iceberg order），冰山指令是一类可以隐藏投资者真实委托量的交易指令。投资者下单时不仅要设定价格和委托总量，还需要设定可见委托量（暴露量）。冰山指令进入中央限价指令簿后，中央限价指令簿会按投资者的委托价格展示暴露量，并不会展示投资者全部的委托量。待暴露量成交后，中央限价指令簿会继续按照委托价格展示相同的委托量，依次类推，直至投资者全部委托量被撮合成交。由于冰山指令会隐藏投资者的部分交易意图，不利于市场透明度，因此没有境内交易所使用这种交易指令。

第三，交易所需要权衡交易系统效率和交易执行的灵活性。增加交易指令的种类可以提高投资者交易执行的灵活性，但是交易指令越多越复杂，交易系统在撮合指令时需要进行的逻辑判断就越多，交易系统的负担就越大，交易系统的运行效率可能会因此降低。一些交易所为了保证交易系统的高效稳定，会选择只推出基本的交易指令。

第四，交易所会考虑交易指令推出后的使用频率。一些交易指令的市场需求暂不突出，推出后使用频率不高，比如交易所可能认为目前市场对于以结算价成交的需求尚不强烈，那么就会决定暂时不推出结算价成交指令。

最后需要说明的是，交易所支持的交易指令类型并不是一成不变的，交易所会根据市场的发展和投资者的需求不断增加新的交易指令。

二

结算价成交指令

上一节讨论了基础的指令类型，其中限价指令是构成中央限价指令簿的基础，可以说使用中央限价指令簿的交易所必须支持限价指令，否则指令簿无法运行。本节介绍的"结算价成交指令"（Trade at Settlement，简称 TAS 指令）以及下一节介绍的"组合指令"属于锦上添花的交易指令类型，这些指令可以丰富投资者的交易策略。

TAS 指令是期货市场的概念，证券市场也有和 TAS 指令功能类似的交易指令，即"收盘价成交指令"（Trade at Close，简称 TAC）。期货市场也有收盘价，但是期货投资者通常没有以收盘价作为成交价格的需求，因为结算价是期货市场重要的基准价格，用于计算期货投资者当日持仓盈亏和交易保证金，并且期货收盘价容易被人为操纵，因此期货投资者主要使用 TAS 指令，而不是 TAC 指令。但在证券市场，收盘价是重要的基准价格，基金管理人使用收盘价为股票型基金估值，股票指数管理人使用股票收盘价计算指数，因此证券投资者主要使用 TAC 指令。虽然本节介绍 TAS 指令，但 TAS 指令和 TAC 指令在业务设计和应用场景上较为相似，因此证券投资者也可以通过阅读本节去了解有关 TAC 指令的知识。

（一）结算价成交指令基本概念

TAS 指令是一种交易指令类型，该指令允许投资者在交易时段[①]以结算价成交，或是以结算价上下一定范围内的价格成交。从应用范围上看，TAS 指令并没有在全球交易所大规模实施，全球主要交易所中，芝加哥商业交易所（CME）和洲际交易所（ICE）针对部分期货品种支持 TAS 指令，境内的上期所和其旗下的上期能源也允许投资者使用 TAS 指令。全球的交易所在 TAS 指令的执行方式和适用品种等具体业务设计细节上存在差异。但不论业务细节如何设计，TAS 指令的本质特征是，最终的交易执行价格基于收盘后才能获得的当日结算价。TAS 指令通常通过撮合方式成交，比如上期所的 TAS 指令就通过撮合成交，但是一部分交易所的 TAS 也可以通过大宗交易等双边协商方式成交。

交易所推出 TAS 指令的目的并非是为了促进价格发现，TAS 指令的成交价格基于中央限价指令簿上产生的日终结算价，TAS 指令本身不参与指令簿上的价格发现过程，也不计入日终结算价的计算。交易所推出 TAS 指令的主要目的是满足投资者以结算价成交的需求，比如交易股指期货的基金以股指期货的日终结算价进行每日估值，基金经理因此希望以结算价建仓和平仓，通过限价指令和市价指令无法满足该需求。

[①] 一些交易所的 TAS 指令和 TAC 指令是在盘后撮合成交，比如我国证券交易所的盘后固定价格交易。但是期货交易所的 TAS 指令通常是在盘中撮合成交，因此本书介绍的 TAS 指令不包括盘后交易的 TAS 指令。

（二）结算价成交指令的设计要点

TAS 指令允许投资者在交易时段以尚未确定的结算价成交，或是以结算价上下一定范围的价格成交。从该定义可以看出，第一，TAS 指令和限价指令、市价指令一样，在交易时段成交，而非盘后成交；第二，TAS 指令报价较为灵活，交易所允许 TAS 指令的成交价格在结算价上下一定范围内浮动，而非仅允许以结算价成交。TAS 指令的设计要点总结如下：

1. 适用的合约

并非所有期货品种都适合使用 TAS 指令，交易所通常不允许投资者对流动性不好的期货合约使用 TAS 指令，主要是为了防止投资者操纵流动性不好的合约的结算价，然后利用 TAS 指令获利。一般情况下，TAS 指令仅能用于活跃合约[①]，一旦合约的流动性下降，就不能使用 TAS 指令。比如上期所只允许投资者对原油期货最近月份合约和最近月份后第一、第二、第三月合约使用 TAS 指令，并且自这些合约最后交易日前第八个交易日收市后，TAS 指令将无法再在这些合约上使用。这是因为合约临近到期，市场流动性变差，此时市场操纵者很容易操纵这些合约的结算价，然后利用 TAS 指令获利，为了不助长这种市场操纵行为，上期所限制投资者对流动性差的合约使用 TAS 指令。

---

① 但是也有例外情况，一些期货品种的交割月合约也可以使用 TAS 指令交易，比如美国 CME 集团的铜期货交割月合约可以使用 TAS 指令进行交易。

2. 报价方式

TAS指令以相对数值进行报价，具体来说，报价为0元，指以结算价成交；报价为+1元，指以结算价加上1元成交；报价为-1元，指以结算价减去1元成交。境外也有交易所的TAS指令基于最小变动价位进行报价，报价为+1，指以结算价加上1个最小变动价位成交；报价为-1，指以结算价减去1个最小变动价位成交。

3. 指令执行方式

目前境内的TAS指令只能以电子撮合方式成交。境外一些交易所允许TAS指令以其他交易方式成交，比如芝加哥商业交易所（CME）的TAS指令可以用三种方式执行，电子撮合、期转现交易和大宗交易。当TAS指令以大宗交易方式执行时，合约交易量必须满足该品种的大宗交易最小交易量要求。

当投资者通过电子撮合方式执行TAS指令时，和使用限价指令和市价指令一样，投资者需要向交易所的交易系统发送TAS指令，比如50手卖出TAS指令，如果指令簿上正好有50手买入TAS指令，那么交易系统会自动撮合两笔指令。TAS指令只能和TAS指令撮合成交，TAS指令不会和限价指令、市价指令一起撮合。TAS指令撮合的特点是，撮合成交后，成交价其实是未知的，要等待收盘结算价最终确定后，投资者才可以知道其最终的成交价。

如果投资者希望以大宗交易方式执行TAS指令，则需要自行寻找交易对手，和一般的大宗交易一样，在找到交易对手后，投资者需要将成交信息报告给交易所。但和一般的大宗交易不同，如果是以TAS指令成交，投资者只需要向交易所报告成交量，TAS指令的成交价格会在日终结算价确定后由交易所为投资者补齐。

4. 成交价格范围

TAS 指令可以在结算价上下以一定的溢价或者折价成交。不同交易所设定的浮动范围不同，境内上期所原油期货的 TAS 指令的报价范围为：结算价 ± 2 元[①]。美国芝加哥商业交易所（CME）和芝加哥期货交易所（Chicago Board of Trade，简称 CBOT）的 TAS 指令报价范围为：结算价 ± 4 个最小变动价位。具体的成交价格范围通常根据该产品的波动情况而定，价格波动大的产品的 TAS 成交价格范围更大，以便给投资者更多的议价空间。

TAS 指令虽然被称为结算价成交指令，但 TAS 指令的成交价并不局限于结算价，这增加了 TAS 指令应用的灵活性，充分满足投资者不同的交易定价需求，但却会和涨跌停板制度冲突。由于投资者在成交时并不知道最终的结算价，比如投资者将 TAS 指令的价格设为结算价加上 3 个最小变动价位，当结算价最终确定后，交易所可能会发现结算价加上 3 个最小变动价位后会超过涨停板价格，但此时 TAS 指令已经撮合成交。如果出现这种情况，不同交易所的处理方案不同。境内的上期所和上期能源并不允许 TAS 指令的成交价格突破涨跌停板价格的限制，如果出现 TAS 指令成交触及涨跌停板，则视 TAS 指令以涨停板或者跌停板价格成交。但境外一些交易所允许投资者以涨跌停板外的价格成交，之所以有交易所允许 TAS 指令成交价突破涨跌停板价格的限制，是因为 TAS 指令的成交价格不计入结算价的计算，所以这些交易所认为即使允许 TAS 指令以涨跌停板外的价格成交，也不会对日终结算价产生影响。

5. 当日无撮合成交时确定 TAS 指令成交价

[①] 上期所原油期货的最小变动价位为 0.1 元，因此 2 元对应 20 个最小变动价位。

TAS 指令的成交价格基于结算价，一般情况下，结算价根据中央限价指令簿上的交易计算得到，但当中央限价指令簿没有成交时，交易所应该如何确定已成交的 TAS 指令的成交价？最常见的做法是仍然以交易所确定的结算价作为 TAS 指令成交价格的计算依据，比如上期所就采用这种处理方法，但该做法存在一定隐患。当交易所的中央限价指令簿上无成交时，交易所会基于报价或者理论模型确定结算价，通过报价或理论模型得到的结算价并非基于真实发生的交易，可能和市场真实的价格水平存在差异，投资者会质疑 TAS 指令成交价格的合理性。为了避免出现市场争议，交易所一般仅允许流动性好的合约使用 TAS 指令，因为如果期货合约的流动性好，通常不会出现中央限价指令簿上无成交的情况，从而保证了期货结算价可以通过交易产生，TAS 指令的成交价因此具有市场代表性。

（三）结算价成交指令的应用

投资者可以通过 TAS 指令来满足其以日终结算价成交的需求，这种交易需求可能是来源于交易策略，或者是投资者认为结算价优于当日市场价。概括而言，TAS 指令主要有三类应用场景：

第一是基金日终调节持仓需求，基金管理人使用 TAS 指令来调整其期货持仓。进行期货投资的基金普遍使用交易所的日终结算价进行每日估值，如果当日有资金的申购和赎回，那么则需要以日终结算价来调节其持仓。

第二是管理场外衍生品交易的需求。投资者在农产品、能源等商品期货合约上使用 TAS 指令的需求可能来自场外衍生品交易，场内商品期货普遍被用于对冲场外商品远期，这类商品远期合约的交割价格一般基于场内期货合约日终结算价，因此在开始或者了结场外远期合约时，投资者存在以日终结算价建立期货合约多头或者空头的需求。

第三是避免自身交易行为影响成交价格。一部分投资者希望以收盘时段的价格成交，但是在市场流动性不足时，其交易行为可能会对价格造成反向影响，投资者的买单可能会拉高市场价，卖单可能会拉低市场价，从而增加投资者的交易成本。对于这类投资者而言，如果通过 TAS 指令成交，则投资者的交易行为不会影响成交价格。

（四）结算价成交指令的市场操纵风险

前面也提到过，很多交易所会禁止在流动性不好的产品上应用 TAS 指令，因为流动性不好的产品的结算价很容易被操纵，市场操纵者可能操纵结算价并使用 TAS 指令获利。实际上，即使是对于流动性较好的产品，流动性水平在临近收盘时段也会下降，而交易所通常是以收盘前一段时间成交价的交易量加权平均值作为结算价，因此市场操纵者依然有可能操纵收盘价和结算价，并通过 TAS 指令来获利，其中典型的市场操纵手段就是冲击收盘价（Banging the Close）。所谓的冲击收盘价就是在收盘前的最后几分钟，通过中央限价指令簿大量买入（或卖出）金融产品，拉高（或拉低）收盘价。这种操纵手段虽然非常古老，但还是时有发生

2013 年 11 月 25 日，美国商品期货交易所委员会（CFTC）处罚了一件利用 TAS 指令在纽约商业交易所（New York Mercantile Exchange，简称 NYMEX）操纵 WTI 原油期货价格的案件。案件发生在 2008 年，被处罚的 SHK 管理公司（SHK Management，简称 SHK）在盘中通过 TAS 指令建立了大量的 WTI 原油期货合约空头持仓，成交价格为当日结算价。然后在当日收盘前的几分钟（结算价计算窗口期），SHK 又通过中央限价指令簿大量买入

WTI 原油期货合约，即建立多头持仓，一举拉高了收盘价格。由于 NYMEX 的 WTI 原油期货合约的日终结算价为临近收盘时段（结算价计算窗口期）成交价的交易量加权平均值，因此当 SHK 以日终结算价成交的空头持仓的价值超过其多头持仓的成本时，SHK 就可以获利。

为了避免投资者利用 TAS 交易指令操纵市场，交易所一方面应该优化结算价计算机制，另一方面应该关注投资者使用 TAS 指令的经济学意义，即投资者为何需要使用 TAS 指令进行这笔交易？交易所需要关注那些缺乏经济学解释的利用 TAS 指令进行大幅增仓或者减仓的交易行为。

三

组合指令

组合指令是衍生品市场的概念，证券市场很少使用组合指令。在衍生品市场，投资者可以通过组合指令达成期货、期权合约组合的成交。一些交易所将组合指令称为策略交易指令，因为组合指令经常被用于实现各类衍生品套利交易策略。跨期、跨品种组合指令在我国商品期货市场已运行超过 10 年，大商所和郑商所都推出了组合指令，组合指令可用于跨期套利、跨品种套利、同品种展期、跨品种移仓等。大商所于 2007 年 6 月推出跨期组合交易指令，2008 年 4 月又上线了跨品种组合交易指令。郑商所于 2005 年推出了跨期组合指令，2014 年推出了跨品种组合指令

（一）为什么需要组合指令

投资者使用组合指令主要是为了实现各种套利交易策略，衍生品市场的套利交易通常需要同时买入或卖出多个期货或期权合约。以期货市场常见的跨期价差交易为例，该交易策略是指买入（卖出）某一月份合约，同时卖出（买入）同一品种的其他月份合约。由于交易至少涉及两个合约，而不同合约的市场深度和流动性水平存在差异，可能出现两个合约不能同时成交的情况，影响投资

者策略的实施。

对于投资者而言，使用组合指令可以提高策略交易的交易效率，并降低交易成本。组合指令能够确保多个期货合约同时成交，降低价格冲击成本，锁定套利收益。除此之外，组合指令还能帮助投资者进行移仓换月操作。期货合约临近交割时，如果投资者不想参与交割，则需要将近月持仓向远月合约转移，在下单时需要同时对两个合约进行操作，且不同合约无法确保同时成交，因此难以锁定合约价差。投资者可以使用组合指令在临近交割月进行移仓换月操作，锁定移仓成本。

对于交易所而言，组合指令至少有两方面作用，第一是增加不同品种和月份合约间的价格联动。当投资者认为期货合约跨品种、跨期价差不合理时，会进行不同合约间的价差套利交易，价差套利交易有助于价差收敛，并推动期货价格回归合理水平。组合指令提高了价差交易的便利性，并降低了价差交易的成本，可以促进期货市场的价差交易，因此增加了期货产品间、合约间的价格联动。第二是可以提升远月合约流动性。期货和期权的远月合约流动性一般较差，推出组合指令将促进投资者进行跨期套利交易，跨期套利交易需要使用远月合约，远月合约的交易活跃度因此得到提升。

（二）常见组合指令介绍

跨期、跨品种价差交易是期货交易的主要策略之一，因此跨期组合指令和跨品种组合指令是最常见的组合指令，我国境内期货交易所也推出了这两类指令。期货常见的组合指令主要有以下 3 种：

⇒ 跨期组合指令

跨期组合指令是指买入（卖出）指定月份的期货合约，同时卖出（买入）另一个指定月份的期货合约。该指令在不同交易所的名称不同，我国商品期货交易所称该组合指令为跨期组合指令，美国芝加哥商业交易所（CME）称为日历价差指令（Calendar spread），德国欧洲期货交易所（Eurex）则是称为时间价差指令（Time spread）。跨期组合指令包括标准指令和非标准指令。标准指令要求投资者按照 1 : 1 的比例买入近月（近季）合约，卖出远月（远季）合约，大部分交易所的跨期组合指令是标准指令，但一些交易所也支持非标准指令。比如 CME 允许国债期货交易使用非标准日历价差，非标准日历价差的交易比例不限定为 1 : 1，而是由 CME 确定并公布[①]。

跨期组合指令主要有两个应用场景：第一是帮助投资者快速建立期货跨月价差策略交易持仓；第二是实现合约展期，在临近交割月份时，通过卖出近月合约并买入次月合约的方式，快速将期货持仓移至下一合约，这种应用场景下，投资者主要使用标准跨期组合指令，即按照 1 : 1 的比例卖出近月合约并买入远月合约。

⇒ 跨品种组合指令

跨品种组合指令是指买入（卖出）某指定的期货品种，同时卖出（买入）另一个期货品种的交易指令。该指令在不同交易所的名称不同，美国市场称

---

① CME 主要根据国债期货各月份合约最便宜可交割券（Cheapest-to-deliver，简称 CTD）的基点价值来确定非标准组合指令的合约比例。

跨品种组合指令为"Inter-commodity spread",德国市场称该指令为"Inter-product spread"。跨品种组合指令同样有标准和非标准两种。标准跨品种指令要求投资者按照 1：1 的比例买入和卖出不同品种的合约。而非标准跨品种指令的组合比例则并不一定是 1：1。一些交易所允许投资者自行决定非标准跨品种组合指令中的基础合约配比,另一些交易所非标准跨品种组合指令的合约配比由交易所规定。跨品种价差指令主要用于跨品种策略交易,比如投资者可以通过 5 年期国债期货和 10 年期国债期货的跨品种组合指令快速建立收益率曲线策略持仓。

⇒ **批量指令**

批量指令(Bundle)允许投资者一次性买入或卖出同一期货品种多个相邻月份(或季度)的合约。做市商会使用这类指令一次性为多个合约报价,这种组合指令还常用于实现场外衍生品的风险对冲和现金流复制,比如投资者可能需要使用场内的利率期货去复制利率互换(Interest Rate Swap,简称 IRS)合约的现金流,因此需要一次性买入多个期限的利率期货,投资者可以通过批量指令来建立合约到期日正好匹配利率互换合约的利率重置日的利率期货持仓。

(三)组合指令业务要素

组合指令的主要业务要素包括报价方式、组合比例、成交撮合方式、价格推导方式等,具体说明如下:

1. 报价方式

组合指令通常以价差形式报价，最常见的报价习惯是报第一个合约价格减去第二个合约价格的价差。美国 CME、德国 Eurex 以及我国的大商所和郑商所的跨期和跨品种组合指令报价均采取以第一个合约价格减去第二个合约价格的差值来报价的方式。因此，组合指令的报价可能是正数、零或者负数。

2. 组合比例

组合比例表示两个基础合约的申报手数之比。在前面也提到过，组合指令通常包括标准形式和非标准形式，标准形式的组合比例固定为 1∶1，而非标准形式则不一定是 1∶1，具体的比例数值由交易所选择，还有交易所允许投资者自行决定比例。目前我国境内期货交易所的组合指令均是标准形式，即基础合约配比为 1∶1。

3. 买卖方向

组合指令有买入和卖出两个方向，通常的交易习惯是买入申报表示买入第一个合约、卖出第二个合约，卖出申报表示卖出第一个合约、买入第二个合约。

以大商所玉米期货作为例子，同时解释买卖方向和报价方式。某投资者以 100 元 / 吨的申报价格，报入 8 手玉米期货 C 2309 & C 2311 买委托，最终成交 3 手。根据交易系统定价原则，C 2309 合约以 2700 元 / 吨建立 3 手多头持仓，同时 C 2311 合约以 2600 元 / 吨建立 3 手空头持仓。

4. 撮合方式

从全球范围看，交易所撮合组合指令有两种做法，第一种做法是组合指令使用独立的指令簿撮合，即组合指令只能和组合指令撮合，不会和中央限价指令簿里的单腿交易指令撮合成交。另一种做法是将组合指令放入中央指令簿中和其他单腿交易指令一起撮合，具体来说，组合指令在进入中央限价指令簿后会被拆分成交易基础合约的交易指令，因此组合指令在成交时可能会和中央限价指令簿中的非组合指令进行撮合。第一种做法的优点是撮合算法简单，以及不会增加中央限价指令簿的负担。但是这种做法会显著降低组合指令的成交概率，投资者使用组合指令的积极性也会降低。第二种做法的优点是增加了组合指令的成交概率，但是缺点是成交价的推导方法复杂。为了提高组合指令的成交概率，大部分交易所采用第二种做法，即将组合指令拆分后放入中央限价指令簿撮合，我国的大商所和郑商所也是采用这种做法。

组合指令如何撮合，成交价如何推导，不同交易所的做法不同。并且由于成交价推导方式比较复杂，因此本书不做详细介绍，仅描述基本理念。组合指令的撮合原则和非组合指令一样，也是采用价格优先、时间优先原则。组合指令不存在仅成交一条腿的情况，交易所为了保证组合指令的两腿同时成交，仅当两腿都有成交机会时，该组合指令才会确认成交。在成交价推导方面，有两种处理方式，简单的处理方式是组合指令仅进行一代推导，即组合指令仅与基础合约进行推导，不与其他组合指令的推导报价进行推导。复杂的处理方式是进行二代推导，即组合指令还会与其他组合指令的推导报价进行推导。第二种处理方式会增加交易系统的负担，但是推导更为透彻，交易机会也更多。

四

指令撮合算法

在前面的章节提到过，我国证券市场和期货市场是指令驱动市场。指令驱动交易可以通过两种方式实现，交易所可以对投资者一定时间段内申报的交易指令一次性集中撮合，即集合竞价（Call auction）交易。交易所也可以对投资者申报的交易指令逐笔连续撮合，即连续竞价交易。指令撮合是指交易所将交易指令匹配并产生成交价的过程，集合竞价和连续竞价交易使用不同的撮合算法。

（一）集合竞价的指令撮合算法

集合竞价通常在证券交易所和期货交易所的开盘时段和收盘时段被使用，我国证券交易所和期货交易所开盘均采用集合竞价方式产生开盘价。交易所的集合竞价实际上是"单一价格拍卖（Single-price auction）"，即投资者申报的买入和卖出交易指令如果撮合成交，不论投资者交易指令的申报价格，所有投资者最终按照相同的价格成交。在我国境内的证券交易所和期货交易所，投资者只能使用限价指令参与集合竞价，但境外有交易所允许市价指令参与集合竞价，比如日本大阪交易所允许使用市价指令参与集合竞价。

表 3-7　集合竞价撮合算法示例

累计卖出量[①]（手）	卖出量（手）	价格（元）	买入量（手）	累计买入量[②]（手）	最大成交量[③]（手）	累计买入量与累计卖出量的差值的绝对值
110		4015	30	30	30	80
110		4010	10	40	40	70
110		4000		40	40	70
110	10	3990	50	90	90	20
100	50	**3985**		90	**90**	**10**
50		3980	15	105	50	55
50	50	3975		105	50	55

集合竞价的撮合采用最大成交量原则，即以此价格成交能够使得成交量最大。当有两个价格都符合上述最大成交量原则时，取使未成交量最小的申报价格为成交价格，即累计买入量与累计卖出量的差值的绝对值最小的申报价格。此时如果还是有两个价格都满足条件，不同的交易所确定集合竞价成交价的方法不同。一些交易所直接取这两个价格的中间价为成交价格，上海证券交易所就是采用这种处理方法，还有的交易所取距前收盘价最接近的价格为成交价，

① 在计算累计卖出量时，从低价的卖出报单开始累计。

② 在计算累计买入量时，从高价的买入报单开始累计。

③ 最大成交量是累计卖出量和累计买入量中的较小值。

深圳证券交易所和香港交易所采用这种成交价确定方法。从全球来看，采用第二种处理方法的交易所更多，因为第二种处理方法会使得新的成交价更接近前一成交价，可以提高市场价格的连续性。表3-7使用简化例子展示了集合竞价如何撮合。

表3-7的例子中，有7笔限价指令申报参与集合竞价，撮合后的最终成交价为3985元每手，所有成交的交易申报都以此价格成交，在此价格上成交量最大，成交量为90手。集合竞价的基本撮合思路是先匹配最高买价和最低卖价，然后匹配次高买价和次低卖价。依次类推，得到最大成交量，然后寻找满足最大成交量的报价作为成交价。撮合的详细步骤如下：

第一步：计算累计卖出量和累计买入量；

第二步：计算最大成交量。相同申报价下，累计卖出量和累计买入量中的较小值是最大成交量，本例中是90手；

第三步：寻找最大成交量对应的申报价。本例中有两个价格都满足最大成交量原则，两个价格分别是3985元和3990元；

第四步：以未成交量最小的申报价格为成交价格。本例中3985元对应的累计买入量与累计卖出量的差值的绝对值为10手，而3990元对应的累计买入量与累计卖出量的差值的绝对值为20手，说明以3985元为成交价可以使未成交量最小，因此最终确定成交价为3985元。

如前所述，我国的交易所不允许以市价指令参与集合竞价，比如中金所在交易规则中明确"集合竞价指令申报时间不接受市价指令"，因此可能有读者认为市价指令无法参与集合竞价的撮合，这种观点并不正确，市价指令可以按照交易量最大原则进行集合竞价的撮合，实际上也有交易所允许以市价指令参与集合竞价。包含市价指令的集合竞价的撮合算法和不包含市价指令的集合竞价撮合算法基本一致，下面通过表3-8的例子展示市价指令如何参与集合竞价，以及此时怎样确定集合竞价成交价。

表3-8　包含市价指令的集合竞价撮合算法示例

累计卖出量（手）	卖出量（手）	价格（元）	买入量（手）	累计买入量（手）	最大成交量（手）	累计买入量与累计卖出量的差值的绝对值
	100	市价指令	150			
300		4000		150	150	150
300		3990	50	200	200	100
300		3985		200	200	100
300	200	**3980**	300	500	**300**	200
100		3975		500	100	400

　　表3-8的例子中有2笔市价指令申报和3笔限价指令申报，市价指令申报分别是100手卖出市价指令和150手买入市价指令（显示在订单簿的最顶部）。当有市价指令参与集合竞价撮合时，计算累计报单量时需要进行特殊处理，为了计算累计卖出量，需要将卖出市价指令视为最低价的卖出报单；同样的，为了计算累计买入量，需要将买入市价指令视为最高价的买入报单。因此本例中的集合竞价撮合结果是：成交价为3980元，在此价位上有最大成交量，成交量为300手。撮合的详细步骤如下：

　　第一步：计算累计卖出量和累计买入量。将卖出市价指令视为最低价的卖出报单，将买入市价指令视为最高价的买入报单；

　　第二步：计算最大成交量。相同申报价下，累计卖出量和累计买入量中的较小值是最大成交量，本例中是300手；

第三步：寻找最大成交量对应的申报价。本例中 300 手对应的报价是 3980 元，因此撮合产生的成交价为 3980 元。

从本例可以看出，市价指令同样可以参与集合竞价。虽然在加入市价指令后，交易所的交易系统可以进行集合竞价的撮合，但集合竞价的基础还是限价指令，如果只有市价指令参与集合竞价，则无法得出成交价。并且交易所之所以用集合竞价产生开盘价和收盘价，是为了通过集合竞价进行价格发现。集合竞价可以在一定时间内汇集市场信息，拥有信息优势的知情交易者（Informed trader）的交易指令和不具有信息优势的不知情交易者（Uninformed trader）的交易指令会集中后撮合。限价指令中的价格代表了投资者的市场观点，而市价指令不包含价格，因此如果大部分投资者都使用市价指令来参与集合竞价，会降低集合竞价汇集市场信息的能力。这是为何一些交易所仅允许限价指令参与集合竞价。但加入市价指令可以增加集合竞价的成交机会，表 3-9 用一个简化的例子展示了加入市价指令为何可以提高集合竞价的撮合成交概率。

表 3-9　市价指令增加集合竞价成功机会的示例

累计卖出量（手）	卖出量（手）	价格（元）	买入量（手）	累计买入量（手）	最大成交量（手）	累计买入量与累计卖出量的差值的绝对值
	100	市价指令	150			
300	200	4000		150	150	150
100		**3990**	50	200	**200**	100

在表 3-9 所示的例子中，参与集合竞价的限价指令只有两个，分别是
4000 元卖出 200 手的限价指令，以及 3990 元买入 50 手的限价指令。如果没
有市价指令的参与，因为买价低于卖价，所以只有这两个限价指令参与的集合
竞价是无法撮合成功的。但是在加入了 100 手卖出市价指令和 150 手买入市
价指令后，集合竞价可以撮合成功，最终的成交价为 3990 元，最大成交量为
200 手。

因为市价指令可以提高集合竞价的成功概率，因此也有交易所允许市价指
令参与集合竞价。

（二）连续竞价的指令撮合算法

相比集合竞价的指令撮合算法，了解连续竞价的指令撮合算法对投资者更
为重要，因为交易所交易时间中的大部分时间是连续竞价时间，比如中金所沪
深 300 股指期货的开盘集合竞价时间仅有 5 分钟（9:25—9:30），连续竞价时
间却有 4 个小时（9:30—11:30、13:00—15:00）。连续竞价交易的撮合算
法主要有两种，第一种是"价格优先，时间优先"算法，第二种是"价格优先，
按比例分配"算法（英文为 Pro-Rata，以下简称"按比例分配算法"）。

1."价格优先，时间优先"算法

"价格优先，时间优先"算法又被称为先进先出算法（First in first out，简
称 FIFO），FIFO 是最简单也最常用的连续竞价撮合算法。FIFO 算法的基本原
则是，指令簿上相同价格的成交指令完全按照时间顺序进行撮合，先进入指令
簿的交易指令先成交。我国的证券交易所和期货交易所均使用"价格优先，时

间优先"算法进行交易指令撮合。

2."价格优先，按比例分配"算法

"价格优先，按比例分配（Pro-Rata）"算法的逻辑是将指令簿上所有价格相同的订单按照报单数量按比例分配成交手数。"按比例分配"算法在境内外的应用均较少，但是并不是完全没有应用，比如美国芝加哥期货交易所（CBOT）对国债期货的日历价差组合指令使用该算法撮合。

可以通过表3-10的例子来解释两种撮合算法的区别，假设当前交易所中央限价指令簿某价位上停留着如表3-10所示的4个价格相同的买单，此时一个和指令簿上的买单价格相同，卖出数量为50手的卖单进入了指令簿，按照不同算法撮合后会导致不同的成交结果：

表3-10　FIFO算法和Pro-Rata算法对比

时间顺序	撮合前订单报单量（单位：手）	FIFO算法		Pro-Rata算法		
		撮合量（单位：手）	撮合后订单剩余量（单位：手）	分配计算过程	撮合量（单位：手）	撮合后订单剩余量（单位：手）
第一	1	1	0	2/75*50=0.67	0	1
第二	9	9	0	9/75*50=6	6	3
第三	61	40	21	60/75*50=40	40	21
第四	4	0	4	4/75*50=2.67	2	2

表 3-10 例子中时间优先算法和按比例分配算法的撮合成交结果不同，按照"时间优先"算法，最早进入指令簿的两笔交易申报（报单量分别为 1 手和 9 手）可以全部成交，而最晚进入指令簿的第四笔交易申报（报单量为 4 手）没有成交。而按照"按比例分配"算法，申报量为 1 手的第一笔交易申报没有成交，而之后进入订单簿的三笔交易申报都按比例成交了一部分。

按比例分配算法的逻辑是将指令簿上所有申报价相同的交易申报按照报单数量按比例分配成交手数[①]，因此大额订单具有优势，即使其进入指令簿的时间晚于其他交易申报，其成交手数也会较高。因此，按比例分配算法的插队成本较低，鼓励投资者报大单，投资者可以通过下达大额订单的方式进行插队。由此带来了一定问题，由于交易插队者总可以通过在最后一秒下达大额订单的方式来实现优先成交，因此投资者及时展示交易意愿的积极性会降低，会拖延下单，从而影响中央指令簿的透明度。

3. 连续竞价如何确定成交价

"价格优先"是优先级最高的原则，在"价格优先"的前提下，"时间优先"原则和"按比例分配"原则用于确定哪些申报可以成交，以及确定成交量是多少。在"价格优先"的条件下，我国期货交易所确定撮合成交价的原则是：当买入价大于或等于卖出价时，自动撮合成交，撮合成交价等于买入价、卖出价和前一成交价三者中居中的一个价格。即：

当买入价≥卖出价≥前一成交价，则最新成交价 = 卖出价；

当买入价≥前一成交价≥卖出价，则最新成交价 = 前一成交价；

---

① 成交量会向下。

当前一成交价≥买入价≥卖出价，则最新成交价 = 买入价。

表 3-11 展示了交易所在撮合成功后如何确定成交价。

表 3-11　境内期货交易所成交价确定方法示例

	前一成交价（元）	买入价（元）	卖出价（元）	最新成交价（元）
案例 1	100	102	101	101
案例 2	100	102	99	100
案例 3	100	99	98	99

采用这种"三价取中"的方法确定成交价有两个原因，第一是这种方法确定的成交价对买卖双方都相对公平；第二，这种成交价确定方法有助于提高市场价格的连续性。相对于其他成交价确定算法，以"三价取中"方式得到的最新成交价和前一成交价之间的价差相对较小，市场价格可以连续变化，降低价格出现跳变的可能性。相反，假设以买入价和卖出价的平均值作为最新成交价，成交价的连续性会变差，比如表 3-11 的案例 3，最新成交价和前一成交价之间的价差为 1 元，但如果以买入价和卖出价的平均值作为成交价，最新成交价变为 98.5 元，最新成交价和前一成交价之前的价差变为 1.5 元。相比三价取中，以买卖价的平均值确定的最新成交价距离前一成交价更远，行情的跳变会更明显。

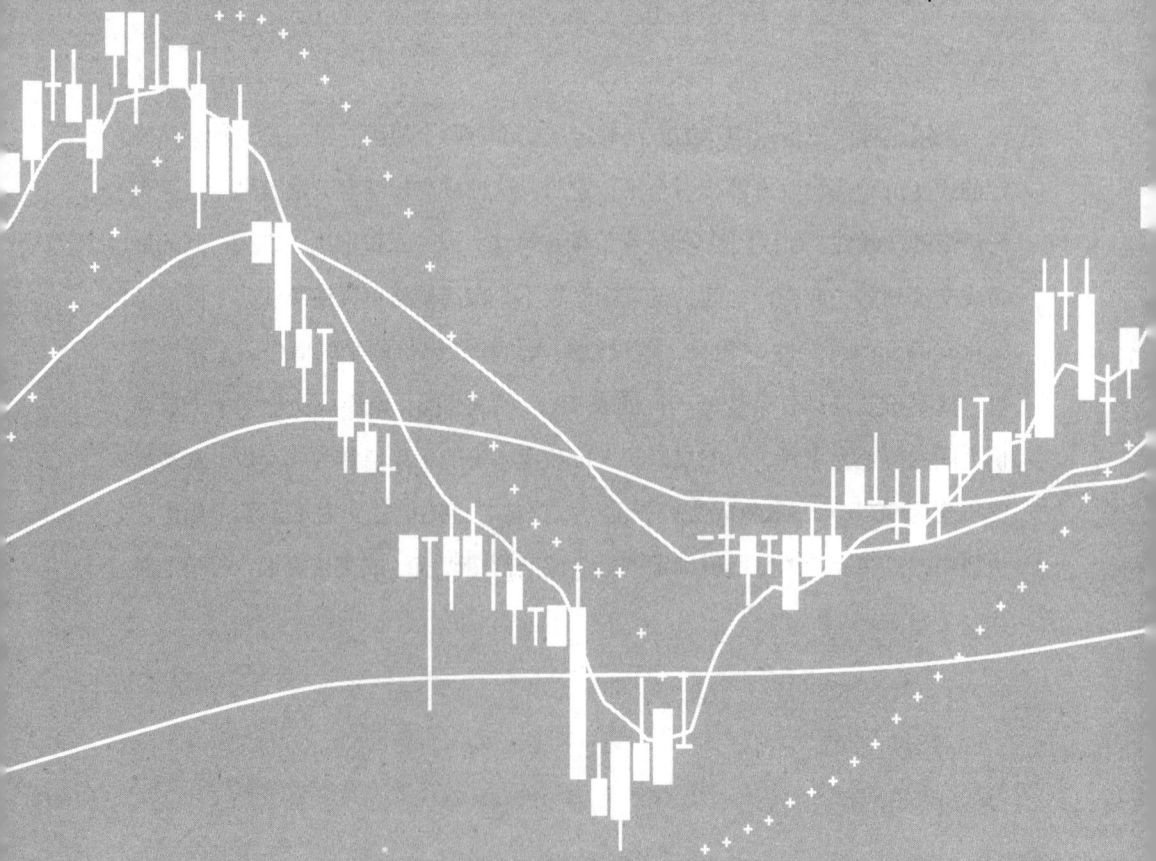

第四章

交易所市场的价格

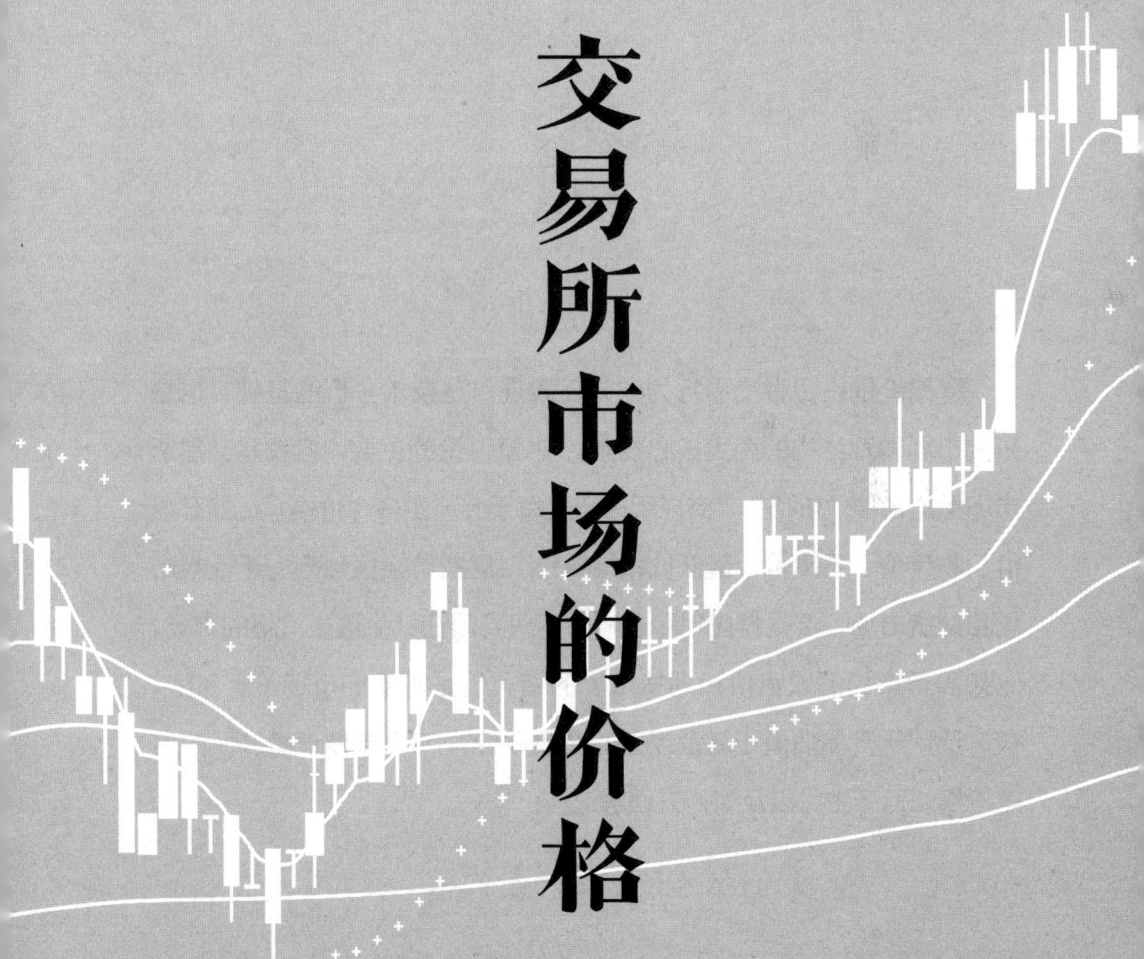

量和价是投资者交易行为的外在表现，是技术分析的基础，也是研究市场微观结构的两大核心要素。本章讨论的主要内容就是交易所市场上的各种"价格"。交易所市场上每天会产生多个价格，比如开盘价、收盘价、最高价、最低价和结算价。这些价格虽然产生于证券市场和期货市场，但是其应用和影响却不只局限在产生这些价格的市场，比如股票市场的收盘价和期货市场的结算价是重要的市场价格参考，被广泛用于产品估值和基金经理的业绩评价。本章帮助读者去了解这些价格如何产生，以及如何去理解这些价格。

一

金融基准原则和数据位阶

在介绍交易所如何计算挂盘基准价和结算价之前，本节首先介绍《金融基准原则》以及数据位阶（Data hierarchy）的概念，以便读者更好地理解交易所在计算挂盘基准价和结算价时如何解决利益冲突问题和防范市场操纵。

为了提高金融基准的市场代表性和抗市场操纵性，国际证监会组织（IOSCO）在 2013 年发布了《金融基准原则》（*Principles for Benchmark*）以规范金融基准的管理和计算。虽然 IOSCO 明确指出，交易所的各种参考价格和结算价不在《金融基准原则》规范的范围内，因为 IOSCO 认为这些价格仅仅是用于交易所的风险控制，并没有被广泛用于金融市场活动。但是结算价不仅被用于计算期货的盯市盈亏和交易保证金，还被基金用于基金估值和评价基金管理人业绩，其实也有一定市场基准的作用，而《金融基准原则》在防范利益冲突和提高金融基准稳健性方面提出了很多有益的建议，虽然交易所计算并管理挂盘基准价和结算价不必遵守该原则，但很多交易所在计算收盘价和结算价时也吸收了《金融基准原则》中的理念。阅读本节可以帮助投资者理解交易所计算挂盘基准价和结算价的方法。

（一）《金融基准原则》的制定背景和主要内容

提到金融基准，很多投资者脑中立刻会想到股票指数和市场基准利率，沪深300股票指数这样的指数价格和央行逆回购利率这样的央行政策利率的确是典型的金融基准，但金融基准的范围其实很广，同时满足以下条件的价格、利率、指数或者其他以数字表示的指标都可以被称为金融基准：

第一，这些指标可以被公众获得并使用；

第二，这些指标需要定期根据公式或者特定方法计算或者估计；

第三，可以被用作以下金融活动：确定利率水平或金融产品需要支付的金额；确定金融产品的买入价、卖出价或赎回价；确定金融产品的价值；衡量金融产品的市场表现。

金融基准被广泛用于金融市场的各项活动，会对投资者的收益产生影响，如果金融基准没有市场代表性，或是经常被操纵，将打击市场信心，损害投资者和金融市场整体利益。IOSCO制定《金融基准原则》的背景就是2012年浮出水面的大型银行操纵伦敦银行间同业拆借利率（London Interbank Offered Rate，简称LIBOR）案件。LIBOR曾是全球重要的基准利率之一[1]，被广泛用作衍生品标的，并作为衍生品估值和确定贷款利率的工具。芝加哥商业交易所（CME）上市的以LIBOR为标的的欧洲美元期货（Eurodollar Futures）在21世纪的前20年都是北美交易量最大的利率期货。但LIBOR主要依靠银行报价产生，即所谓的"专家意见"，报价者主观判断过多，利益冲突问题严峻，因此市场操纵案件频发。为了提高金融基准的稳健性和抗市场操纵能力，国际证监

---

① 全球基准利率改革后，LIBOR不再承担基准利率职责。所有期限的英镑、欧元、瑞士法郎和日元LIBOR在2021年年底停止报价，期限为1周和2个月的美元LIBOR同样在2021年年底停止报价，关键期限的美元LIBOR从2023年7月开始停止报价。

会组织（IOSCO）制定并发布了《金融基准原则》，该文件包含十九条原则，分别从基准管理、基准质量、计算方法质量以及基准问责制度四个方面规范金融基准。表4-1是对原则核心内容的总结。

表4-1　IOSCO《金融基准原则》内容概要

原则类别	原则名称		主要内容
基准管理	原则1	管理者责任	该原则规定了基准管理者要承担的责任，包括设计基准、计算基准并发布，确保基准满足透明度要求等
	原则2	第三方监督	规定基准管理者对第三方的责任，比如对于负责收集数据和发布数据的第三方的监管责任
	原则3	管理者利益冲突	基准管理者应该记录、识别、披露和管理可能的利益冲突
	原则4	管理者控制框架	本原则规定了对基准管理者的控制框架，比如明确的外部举报机制等
	原则5	内控制度	建立独立的委员会对基准管理流程进行内部审核
基准质量	原则6	基准设计	基准的设计应该考虑通用因素，以使得基准可以真实反映市场情况
	原则7	数据充足性	计算基准所用的数据应该来源于活跃的市场，并且应该排除关联方交易数据，以避免关联交易降低数据可靠度
	原则8	数据位阶	明确不同数据的优先级，即计算基准时应该优先使用的数据

原则类别	原则名称		主要内容
基准质量	原则9	基准计算过程的透明度	应公布计算使用的原始数据的选择逻辑和流程
	原则10	定期评估	定期对使用的原始数据进行评估，在市场发生显著改变时，需要进行必要调整
计算方法质量	原则11	计算方法	记录并公布基准计算公式
	原则12	方法变更	在计算公式发生改变时进行说明
	原则13	更替流程	制定明确的计算公式变更流程，包括什么情况下需要变更计算公式，以及新旧公式的更替流程
	原则14	报价方行为准则	该原则只适用于基于报价产生的金融基准，比如银行间市场同业拆借利率。对于这样的金融基准，原则要求基准管理者应该制定报价方行为准则，并向市场监管者和利益相关方公布
	原则15	数据收集的内控	基准管理者应该直接从交易所或者数据来源处获得一手数据，应该保护数据的完整性和保密性
基准问责制度	原则16	投诉程序	制定并公布投诉流程，在金融基准不能反映市场实际情况时，利益相关者可以向基准管理者进行投诉
	原则17	审计	使用内部和外部审计人员进行审计
	原则18	审计留痕	保留审计记录
	原则19	监管机构合作	在监管机构要求时，及时向其提供审计记录和相关数据

　　IOSCO认为金融基准的风险来自三方面。第一方面是基准计算使用的原始数据。原始数据的产生方式（基于报价还是基于实际交易）、数据的收集流程

（是全部使用还是排除离群值）和报送流程（由第三方报送还是由产生原始数据的市场直接报送）都可能增加金融基准的脆弱性。当数据来源方是金融基准的利益相关者时，金融基准的数据来源方可能存在操纵金融基准的动机，金融基准管理者需要采用控制方法去防范基准被操纵。典型的例子就是商业银行是银行间市场同业拆借利率的报价方，但是商业银行参与的场外利率衍生品交易的标的也可能是同业拆借利率，同业拆借利率水平会影响商业银行的收益，那么银行既作为报价方又作为利益相关方就存在利益冲突。

第二方面是基准计算方法的透明度。如果基准管理者不向公众公布基准计算流程和计算方法的关键细节，基准使用者就不能评估基准的可信度，并且基准管理者内部也可能存在针对金融基准的舞弊行为。比如当基准计算方法不对外公开，而基准管理者的内控制度又较差时，基准管理者内部的工作人员有可能调整计算参数和数据选取标准，从而影响基准的计算结果。

第三方面是基准的治理框架。基准管理者对基准同样可能存在利益冲突，比如商业银行可能制定一系列指数，这些指数可能被用于评价其管理的资产组合的收益，那么银行同时作为指数管理者和指数评价的对象，有动机去操纵指数以使得指数的评价结论符合其需要。IOSCO因此要求建立基准问责机制，确保可以对基准管理者进行监督和追责。

（二）数据位阶原则

《金融基准原则》中对于交易所计算结算价和挂盘基准价最有参考意义的原则是原则8数据位阶。该原则提出了数据位阶的概念，数据位阶就是不同数据的优先级，如图4-1所示，在计算金融基准时，IOSCO推荐基准管理者优先使用高位阶的原始数据，以此类推，当优先级高的原始数据不可得时，再选择优

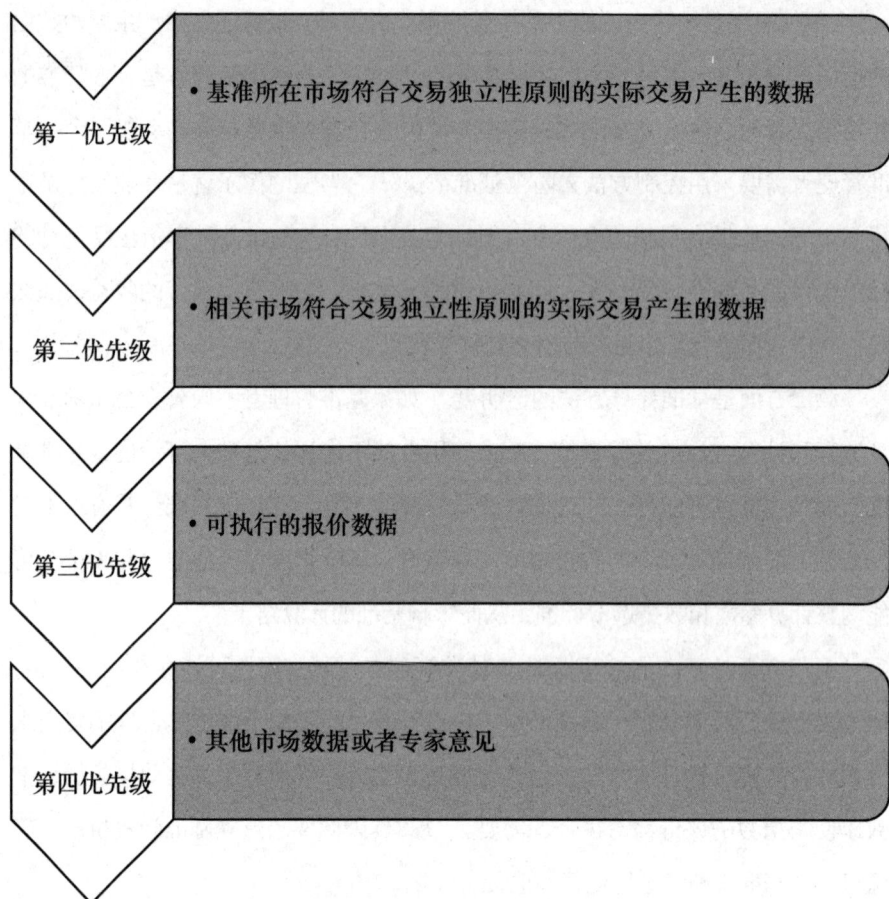

图 4-1　IOSCO 推荐的数据位阶

第一优先级
• 基准所在市场符合交易独立性原则的实际交易产生的数据

第二优先级
• 相关市场符合交易独立性原则的实际交易产生的数据

第三优先级
• 可执行的报价数据

第四优先级
• 其他市场数据或者专家意见

先级次一级的原始数据。

按照原则 8 的规定，优先级最高的数据是具有独立性的交易产生的交易数据，之所要求交易需要有独立性，因为非独立性交易发生在关联方之间，成交价格不完全根据市场情况确定，因此不具有市场代表性。第二优先级的是相关市场的真实交易数据，第三优先级是可执行的报价数据，最后是其他市场数据，比如通过以前交易数据插值或者外推获得的数据，或者是专家意见。以计算股指期货10月合约的结算价为例，按照该原则，原始数据的最佳选择是股指期货10月合约的实际交易数据。如果10月合约的实际交易数据不可得，第二优先级的原始数据是该期货产品其他月份合约的实际交易数据，比如9月合约或者11月合约，交易所应该在9月合约或11月合约实际成交价的基础上进行调整，以得到10月合约的结算价。如果股指期货其他月份合约的实际交易数据也不可得，第三优先级的原始数据是10月合约在中央指令簿上可执行的报价数据。最后优先级的数据是根据之前结算价插值得到数据，或是投资者给出的结算价估计值（专家意见）。

虽然《金融基准原则》对数据位阶给出了建议，但是IOSCO在文件中提到，该原则并不限制基准管理者对原始数据的选择。如果管理者认为一个低位阶的原始数据更具有市场代表性，或是更有利于控制利益冲突问题，那么金融基准管理者可以跨越数据位阶去选择原始数据。比如金融基准的管理者可能发现市场的流动性很差，每个交易日只有零散的交易，那么市场报价可能比实际交易的成交价更具有市场代表性，并且包含更多的市场信息，因为交易产生的价格可能包含很多离群值，反而会增加金融基准计算时的市场噪音。概括而言，在一些情况下，比如市场流动性很差，或者大部分交易都是没有市场代表性的关联交易时，可执行报价数据[1]、基于之前交易数据插值获得的数据、专家意见等非交易数据也可以作为计算金融基准的主要输入数据。

虽然IOSCO没有禁止在金融基准制定过程中使用专家意见，但如果金融基准管理者计划使用专家意见，那么为了金融基准能够可靠地反映市场的经济现

---

[1] 可执行报价和专家意见不同，可执行报价是立即可执行的价格，比如中央限价指令簿上的最优买卖报价，只要投资者下达交易指令，就可以和这些报价成交。而专家意见中的专家报价通常是不具有成交可能的，只是报价者对于市场价格水平的判断。

实，金融基准管理者应该进行以下工作以提高专家报价的可靠性：第一，报价者应该具有足够的市场代表性；第二，制定报价行为准则，并确保报价方进行报价时遵守该行为准则；第三，建立报价审核和评价机制，包括发布前的审核机制和发布后的评价机制，发布前的审核机制是为了避免数据错误，而发布后的评价机制是为了持续改善报价质量，比如基准管理者可以通过评价机制识别报价变化趋势和报价中的离群值。

二

结算价

衍生品市场有两种结算价，一是"交割结算价（Final settlement price）"，二是"日常结算价（Daily settlement price）"。交割结算价是衍生品合约到期交割结算的基准价，而日常结算价又称每日结算价，是逐日盯市（Mark-to-market）的依据，所谓的逐日盯市就是在每日日终计算衍生品持仓的当日盈亏和交易保证金，并根据计算结果进行相应的资金划转。虽然日常结算价不会影响最终平仓的收益，因为平仓盈亏是根据投资者开仓和平仓价格计算的，但是日常结算价会影响投资者持仓的保证金占用和资金账户里的可用资金。除了用于逐日盯市外，日常结算价还是确定下一个交易日涨跌停板价格的依据，以及用于确定结算价成交（TAS）指令的成交价。除了用于交易所的各项业务，衍生品的日常结算价还被广泛用于基金产品的每日估值、衍生品指数的计算等。概括而言，日常结算价不仅对期货交易所非常重要，对整个金融市场都有很大的参考意义，因此本节主要讨论日常结算价的计算方法，下文中提到的结算价均是指日常结算价。

虽然本节讨论的是期货交易所的日常结算价，但是本节的内容也可以帮助投资者理解证券交易所的收盘价计算方法。结算价是期货市场重要的日终价格参考，虽然期货市场也有收盘价，但投资者普遍认为期货结算价更有指标性意义。但在我国证券市场，证券交易所没有日常结算价的概念，收盘价是股票的日终价格参考，用于确定股票下一个交易日涨跌停板价格，以及判断股票的价格走势。在计算方法上，股票收盘价的计算方法和期货结算价的计算方法类似，比如前文也提到过，在2018年8月20日之前[①]，上交所以当日该只股票最后一笔交易前一分钟所有交易的成交量加权平均价（含最后一笔交易）作为该只股票的收盘价。该做法和中金所计算股指期货日常结算价的方法类似，股指期货的日常结算价为最后一小时所有交易的成交量加权平均价。因此，本节对于期货结算价的大部分讨论也适用于股票收盘价。

（一）　计算结算价的基本原则

可靠的期货结算价应该具有市场代表性和抗市场操纵性，因此交易所需要在保证结算价的市场代表性以及抗市场操纵性的前提下，选取数据来源和设计结算价计算方法。

1. 市场代表性

期货结算价要能够代表日终的市场价格，反映经济现实。结算价是确定下一个交易日涨跌停板价格的依据，如果结算价和市场价格差异比较大，会导致次日涨跌停板范围不合理，可能导致市场价格触及涨跌停板价格，影响市场情绪。

维护结算价的市场代表性需要考虑以下因素：第一，数据量的充足性。如

---

① 上海证券交易所从2018年8月20日起将股票收盘价确定方法调整为以收盘集合竞价的结果作为当日的股票收盘价。

果使用真实成交确定结算价，计算使用的交易量要充足；第二，市场的规模和流动性。作为原始数据来源的市场要具备足够的流动性才能提供可靠的价格信息；第三，数据是否代表市场主要观点，如果根据市场参与者的报价确定结算价，报价方需要是市场主要参与者；第四，是否排除了可能扭曲结算价计算结果的数据，交易所应该排除原始数据中的离群值。

2. 抗操纵性

结算价是计算盯市盈亏和交易保证金的依据，除了用于交易所风险控制外，很多金融市场活动也会使用期货的结算价，比如为包含期货投资的资产组合估值、评价基金经理的业绩等。因此结算价计算过程中存在利益冲突，使用结算价来评价其业绩表现的基金有动机操纵结算价，以获得更好的评价结果。而一些投资者也有动机通过操纵结算价来获利，在介绍结算价成交指令的一节中也提到过，操纵结算价是一种典型的市场操纵手段。

如果结算价易被操纵，一是会影响期货交易所的风险控制质量，基于结算价计算得到的交易保证金不能完全覆盖风险；二是会影响投资者对期货市场的信心以及影响投资者对交易所专业度和可靠性的信任。

（二）数据来源和计算方法

可以从使用的原始数据来源和计算方法两个维度对结算价确定方法进行分类，常见的计算方法和数据来源总结见表4-2。

表 4-2　结算价计算方法和数据来源总结

数据来源 计算方法	本市场交易数据	相关市场交易数据	本市场可执行报价数据
交易量加权平均值 （VWAP）	√		
集合竞价	√		
理论模型		√	
单笔成交价或单笔报价	√		√
算数平均值			√

1. 数据来源

计算结算价的数据来源主要有三类，第一类是本市场交易数据，在 IOSCO 的《金融基准原则》中，这是数据位阶上优先级最高的数据。比如在确定股指期货 8 月合约的结算价时使用股指期货 8 月合约当日实际交易数据，就属于使用本市场交易数据。第二类是相关市场交易数据，这是数据位阶上第二优先级的数据，比如使用股指期货 7 月合约实际交易数据来确定股指期货 8 月合约的结算价，以及使用股指价格计算股指期权的理论价格都属于使用了相关市场数据。第三类是本市场可执行报价数据，比如确定股指期货 8 月合约的结算价使用中央指令簿上 8 月合约的最优买价和最优卖价。

如果按照 IOSCO 在《金融基准原则》中的建议，交易所计算结算价应该按照数据位阶的顺序依次使用上述数据——当有本市场交易数据时，首先使用本市场交易数据，当本市场交易数据不可获得，或是没有市场代表性时，再使用其他市场交易数据。很多交易所计算非主力合约[1]结算价就是遵循了该原则，考虑到非主力合约市场流动性差，因此放弃使用非主力合约的交易价格，而直接使用主力合约的结算价加上跨期价差来确定结算价。比如大阪交易所的国债期货非主力合约采用以下方法计算日常结算价：以主力合约日常结算价加当日价差指令的最后成交价格确定非主力合约结算价；如果价差指令无成交，则以主力合约结算价加理论价差确定非主力合约结算价。

这种做法看似跨越了数据位阶，即没有优先使用本市场的实际交易数据，但是其实没有违反金融基准原则。由于非主力合约的市场流动性较差，即使是真实成交产生的价格也不具有市场代表性，并且当市场流动性较差时，成交价很容易被操纵，因此选用更有市场代表性且更具抗操纵性的主力合约的结算价来确定非主力合约的结算价。

台湾期货交易所的结算价计算方法也没有完全遵照数据位阶，如表4-3所示，台湾期货交易所在计算结算价时，在使用其他合约的结算价之前，会优先使用本合约的申报买价和申报卖价，即"本市场可执行报价数据"优先于"相关市场交易数据"被使用。

表4-3　台湾期货交易所股指期货结算价计算方法

使用优先级	计算方法	原始数据类型
优先级一	收盘前一分钟内所有交易之成交量加权平均值。	本市场交易数据

[1] 我国期货交易所的主力合约是指持仓量最大的合约，境外有交易所会将交易量最大的合约或是当月合约定为主力合约。

使用优先级	计算方法	原始数据类型
优先级二	当日收盘前一分钟无成交时，以收盘时未成交的申报买价最高者与申报卖价最低者的平均价格为当日每日结算价	本市场可执行报价数据
优先级三	若收盘时，无申报买价，则以申报卖价的最低值为当日每日结算价；无申报卖价，则以申报买价的最高值为当日每日结算价	本市场可执行报价数据
优先级四	若远月合约无双边申报价，则取前一交易日近月合约与远月合约每日结算价之差，加上当日近月合约每日结算价，计算得出远月合约当日每日结算价	相关市场交易数据

资料来源：台湾期货交易所官网。

这种做法虽然没有按照数据位阶原则，但是在交易所行业非常常见。很多交易所在确定主力合约的结算价时，会将"本市场可执行报价"的优先级置于"相关市场交易数据"之前。比如芝加哥商业交易所（CME）在计算股指期货主力合约的结算价时，优先级最高的计算方法是一段时间内本市场成交数据按交易量进行加权获得的加权平均值；如果该时间段内没有成交，则取一段时间内买卖报价的中间值；如果没有报价，则使用指数价格计算股指期货理论价格作为日常结算价。在 CME 的股指期货结算价计算方案中，计算结算价会优先使用股指期货市场的报价，而不是股票市场的成交价。

2. 计算方法

交易所计算结算价的方法主要有 5 种，分别是使用交易量加权平均值（Volume-Weighted Average Price，简称 VWAP）、使用集合竞价的成交价、使用理论模型、使用单笔成交价或单笔报价、使用算数平均值。这些方法不是互斥的，即不是使用了一种结算价计算方法就不使用另一种，很多交易所会逐级选用上述计算方法：当第一优先级的方法不可用时，会采用下一级的备选计算方法。比如计算期货主力合约的结算价通常使用交易量加权平均值（VWAP）和报价的算数平均值，其中以VWAP计算得到结算价的优先级最高，而当市场没有成交，无法计算VWAP时，则会以市场最优报价的算数平均值作为结算价。期权结算价的计算经常使用集合竞价和理论模型，集合竞价是第一优先级的方案，当集合竞价无法得出期权结算价时，则使用理论模型计算期权的结算价。

（1）一段时间内交易量加权平均值

交易所行业最常见的期货结算价计算方法是VWAP方法，即以一段时间内连续竞价达成的成交价的交易量加权平均价（VWAP）作为结算价，我国期货交易所采用这种方法计算期货结算价。当交易所选择该方法计算结算价时，最重要的计算参数是结算价计算时间窗口，即使用多长时间段内的交易数据来计算结算价。比如CME的国债期货以芝加哥时间13：59：30-14：00：00时间段内的VWAP作为日常结算价，计算时间窗口仅有30秒；洲际交易所（ICE）的股指期货结算价计算时间窗口的长度有1分钟；我国股指期货的结算价计算时间窗口的长度则是长达1小时。选择时间窗口长度是在市场代表性和抗市场操纵性之间进行权衡，计算时间窗口越长，包含的交易笔数就越多，抗市场操纵性就越好，但是结算价的市场代表性会下降，可能无法代表收盘时段的市场价格。举例来说，如果时间窗口是全部交易时段，当上午的交易量更大时，得到的加权平均值代表的就是上午的价格水平，而不是收盘时段的市场价格水平。

境外交易所的结算价计算时间窗口普遍较短，一般在30秒至5分钟之间，但我国期货交易所的结算价计算时间窗口较长，商品期货的结算价计算时间窗口长达一天，股指期货和国债期货也长达1个小时。可以看出，在提高市场价格代表性和降低市场操纵风险两者间，我国期货交易所更偏向降低市场操纵风险。但这种选择也带来了一些问题，在市场波动较大的日期，结算价与收盘价会出现明显偏离，结算价的价格代表性变差。

价格代表性变差会导致两个问题，一是影响投资者收盘后的资金测算。在我国的期货市场实务中，投资者通常希望期货结算价尽量接近收盘时段中央指令簿上的报价或者成交价。因为结算价计算需要一定时间，交易所不是在收盘后实时发布结算价，而是在收盘一段时间后（通常在15分钟内）才发布正式结算价。但是投资者在期货收盘后就立刻需要进行资金和风险控制参数的测算，所以投资者普遍会先使用期货收盘价代替结算价进行估算，如果收盘价和正式结算价差异较大，会影响投资者风控测算。二是影响涨跌停板价格的合理性。期货结算价是计算次日涨跌停板价格的依据，结算价偏离收盘时的市场行情会导致次日涨跌停板幅度不合理，极端情况下，第二天的市场价格可能会触及停板价格。但是计算时间窗口太短也有缺点，时间太短会导致交易笔数太少，交易笔数太少会导致结算价容易被操纵。

（2）集合竞价

集合竞价也是较为常见的结算价确定方法。在本书第二章介绍交易方式时也提到过，集合竞价经常被用来确定股票收盘价，我国证券市场也是采用集合竞价确定股票的收盘价。集合竞价适合流动性较好的金融产品，对于流动性好的金融产品，集合竞价可以在一段时间内汇集各类投资者的信息，投资者最终以统一的价格成交，因此通过集合竞价产生的结算价的市场代表性较好，也具有一定的抗操纵性。但是对于流动性不好的合约，通过集合竞价得到的结算价的市场代表性和抗市场操纵性可能会弱于以连续竞价交易量加权平均值方法得到结算价。这是因为集合竞价必须在交易笔数较多时才能形成合理的价格，而当市场流动性不好时，投资者会避免参与集合竞价，主要是因为相比连续竞价，集合竞价的成交价可控度低。集合竞价让投资者在统一的价格上成交，投资者无法确定最后的成交价，集合竞价的撮合过程也像在一个不透明的盒子中进行，因此投资者会避免参与收盘时段的集合竞价，使得集合竞价无法汇集足够的订单，成交价的市场代表性和抗市场操纵性均因此降低。

（3）理论模型

计算结算价的理论模型有两类，一种是基于标的资产价格的定价模型，比如交易所可以使用股票指数价格基于 Black-Scholes 模型计算股指期权的结算价，或是使用国债价格基于持有成本模型（Cost of Carry Model）计算国债期货的结算价。另一种是根据跨期套利模型计算结算价。不论是使用哪一种理论模型，使用理论模型一般不是交易所计算主力合约结算价的第一选择，但是当主力合约没有成交或是没有可执行报价时，交易所也会考虑使用理论模型计算结算价。但是对于非主力合约，很多交易所认为非主力合约市场流动性较差，市场上零星的交易的成交价不能反映市场整体情况，反而会直接使用跨期套利理论模型，即以主力合约结算价加上跨期价差来确定结算价。期权由于不同执行价格的合约的数目众多，流动性分散，在流动性不足的情况下，期权合约的交易价格难以真实反映市场情况，因此期权合约也经常采用理论模型计算结算价。

（4）单笔成交价或单笔报价

该方法是指直接以一笔交易的成交价或是单笔报价（卖价或买价）作为结算价。最常见的选择是以当日最后一笔交易的成交价作为结算价，或是以市场上的最新报价（买价或卖价）作为结算价。该方法的市场操纵风险最高，因此一般是优先级靠后的结算价计算方式。

（5）算数平均值

采用可执行报价的算数平均值来确定结算价也是一种常见做法。相对于直接以最新的最优卖价或者买价确定结算价，一段时间内报价的算数平均值有一定抗市场操纵能力。并且由于采用可执行报价，代表了投资者真实的交易意愿，因此基于可执行报价得到的结算价具有一定市场代表性。

（三）境内期货交易所结算价计算方法

表4-4总结了截止到2023年8月的境内期货交易所期货日常结算价计算方法。之所以要强调截止时间，是因为交易所可能会根据市场情况不断优化结算价计算方法。但是总体来说，相比其他交易制度，结算价计算方法调整的频率很低，除非有重大市场情况变化，交易所一般不会更改结算价计算方法。

表4-4　境内期货日常结算价计算方法（截止到2023年8月）

交易所	优先级	使用的数据类型	计算方法
中国金融期货交易所	第一级	本市场实际交易数据	期货合约最后一小时交易量加权平均值
	第二级	本市场实际交易数据	合约在该时段无成交的，以前一相应时段成交价格按照成交量的加权平均价作为当日结算价。该相应时段仍无成交的，则再往前推相应时段。以此类推。合约当日最后一笔成交距开盘时间不足相应时段的，则取全天成交量的加权平均价作为当日结算价
	第三级	相关市场实际交易	合约当日无成交的，当日结算价计算公式为：当日结算价＝该合约上一交易日结算价＋基准合约当日结算价－基准合约上一交易日结算价，其中，基准合约为当日有成交的离交割月最近的合约

交易所	优先级	使用的数据类型	计算方法
上海期货交易所、郑州商品交易所、大连商品交易所、广州期货交易所	第一级	本市场实际交易数据	期货合约当日成交价格按照成交量的加权平均价
	第二级	本市场可执行报价	当日无成交价格的期货合约的当日每日结算价，按照下列方法确定： （一）若合约当日有买、卖双方委托报价的，以最高买报价、最低卖报价与该合约上一交易日的结算价三者居中的一个价格作为合约的当日结算价 （二）若合约出现涨（跌）停板单边无连续报价的，以该停板价格作为合约的当日结算价
	第三级	相关市场实际交易数据	若合约当日无委托报价，或者有买或卖单方委托报价但未出现涨（跌）停板单边无连续报价的，以当日距无成交合约最近的前一有成交合约作为基准合约计算当日无成交合约结算价

资料来源：笔者根据各交易所规则整理。

境内期货交易所计算结算价有以下特点：

特点一是优先级最高的计算方法均是以成交价的交易量加权平均值（VWAP）计算期货日常结算价，该做法和全球大部分交易所一致。之所以采用这个方法，因为不论是对于流动性好的期货品种还是流动性差的期货品种，该方法确定的结算价都有一定市场代表性和抗市场操纵性。通过集合竞价确定结算价的方法虽然适合流动性好的期货合约，但是对于流动性差的期货合约，投资者因为集合竞价成交价的不确定性，会避免参加集合竞价，更偏好通过连续竞价成交，因此最终参与集合竞价的报单通常很少，反而降低了结算价的市场代表性和抗市场操纵性。

特点二是结算价计算方法不区分主力合约和非主力合约。境外普遍对主力合约和非主力合约采用不同的确定方法，期货主力合约以成交价的交易量加权平均值（VWAP）计算日常结算价，然后非主力合约的结算价通过在主力合约结算价的基础上加跨期价差确定。而境内交易所在计算结算价时，不论是主力合约还是非主力合约，结算价的优选计算方法都是成交价的交易量加权平均值（VWAP）。主要有两个原因：原因一是境内交易所对于原始数据的优先级的看法和境外交易所不同。境外交易所认为当本市场流动性较差时，本市场交易数据的市场代表性变弱，可以使用流动性好的相关市场的交易数据来计算结算价。但是境内交易所认为本市场的交易数据始终优于其他市场的交易数据，因此当本市场有交易时，即使是本市场的流动性较差，也不会使用其他市场的交易数据来推算本市场的结算价。原因二是跨期价差组合指令在境内市场的普及程度不如境外，很多交易所尚未推出跨期价差组合指令，因此很难使用"主力合约结算价 + 跨期价差"来确定非主力合约的结算价。

特点三是境内期货交易所的结算价计算时间窗口较长，商品期货结算价是当日全部成交价格按照成交量加权的平均价，即时间窗口为全天交易时段。中金所国债期货和股指期货的计算时间窗口也长达 1 个小时。主要是因为如果时间窗口太短，则结算价很容易被市场操纵，在权衡市场代表性和抗市场操纵性时，境内交易所在风险控制上普遍采取保守的态度，认为抗市场操纵性更为重要，所以选择了较长的时间窗口。

特点四是金融期货交易所和商品期货交易所对原始数据的选择不同，在本市场无成交时，商品期货交易所会使用本市场可执行报价来确定结算价，而此时金融期货交易所会优先使用相关市场的实际交易数据。商品期货交易所认为本市场可执行报价的数据优先级高于相关市场真实交易数据，而金融期货交易所认为实际交易数据的可靠性更高。

三

挂盘基准价

挂盘基准价是期货市场的概念，是为了服务期货合约的涨跌停板制度，该价格不会影响投资者的平仓盈亏和交割盈亏。计算挂盘基准价是为了确定合约上市首日的涨跌幅限制，因此不设涨跌幅限制的合约不需要挂盘基准价，我国证券市场虽然有涨跌幅限制，但因为首次公开发行上市的股票上市后的前5个交易日不实行价格涨跌幅限制，所以也没有挂盘基准价的概念。概括而言，虽然挂盘基准价的名称中有"基准"两个字，但挂盘基准价的用途不如结算价广泛，因此作为"基准"的意义不如结算价。

（一）挂盘基准价的作用

挂盘基准价只针对新上市的期货和期权合约，包括产品上市首日的新合约以及滚动加挂的新合约，交易所根据市场情况确定并提前公布挂盘基准价，交易所公布挂盘基准价的时间一般是合约上市前一个交易日收盘后。挂盘基准价不同于开盘价，开盘价是通过市场交易产生的价格，比如《中国金融期货交易所交易细则》规定："开盘价是指某一合约经开盘集合竞价产生的成交价格。集合竞价未产生成交价格的，以集合竞价后第一笔成交价为开盘价"，挂盘基准价并不通过交易产生，而是由交易所根据一定规则确定并公布①。

挂盘基准价有两个作用，主要作用是确定新上市合约第一天涨跌停板价格，确定涨跌停板价格之所以需要挂盘基准价，是因为期货和期权合约上市首日的涨跌停板价格是在上一交易日结算价的基础上加减一定数值确定，而上市首日的合约还没有交易，因此以挂盘基准价来承担上一交易日结算价的作用，比如境内股指期权上市首日的涨（跌）停板价格为挂盘基准价加上（减去）上一交易日标的指数收盘价的10%。另一个作用是在特殊市场情况下，作为计算当日结算价的依据。但不管是哪种用途，挂盘基准价都是服务于交易所风险控制，并不会影响投资者的平仓盈亏和交割盈亏。

虽然挂盘基准价不影响交易者盈亏，但是如果挂盘基准价过度偏离市场价格水平也存在问题，会导致涨跌停板价格区间不合理，可能出现新合约开盘立刻暴涨或者暴跌的情况，不仅干扰市场价格发现功能，还会影响市场情绪。交易所在确定挂盘基准价时，会将保证挂盘基准价的市场代表性作为主要原则，但是还是存在挂盘基准价偏离市场价格的情况。为了防止挂盘基准价过度偏离市场价格水平，影响上市首日的价格发现，境内期货交易所会在合约上市首日扩大涨跌幅，新上市合约挂盘当日涨跌幅为正常涨跌幅的二倍，就是为了解决挂盘基准价偏离市场价格的问题。

（二）计算挂盘基准价

挂盘基准价计算和结算价计算有一定相似度，比如都要保证市场代表性和

---

① 交易所确定挂盘基准价的数据源可能是实际交易数据。

抗市场操纵性。但首先挂盘基准价仅在新合约上市时使用，使用频率较低；第二，挂盘基准价主要用于确定上市首日的涨跌幅度，应用范围较窄；第三，挂盘基准价不仅不影响投资者平仓盈亏和交割盈亏，通常也不影响保证金占用，市场影响力也较小。因为以上三个原因，投资者操纵挂盘基准价的动机不强，交易所对挂盘基准价的抗市场操纵性的要求弱于对结算价的抗市场操纵性要求。

1. 计算挂盘基准价的原则

虽然挂盘基准价的基准作用不像结算价那样突出，但是挂盘基准价依然存在被操纵的风险，并且如果挂盘基准价定得不准，也会影响当日涨跌幅度，因此交易所在确定挂盘基准价时，依然要保证挂盘基准价有市场代表性和抗市场操纵性。但和交易所计算结算价时需要平衡市场代表性和抗市场操纵性的情况不同，在计算挂盘基准价时，保证市场代表性比抗市场操纵更重要。

⇒ 市场代表性

保证挂盘基准价的市场代表性是交易所在确定挂盘基准价时最重要的原则，如果挂盘基准价定得不准，导致上市首日一开盘，成交价即触及停板价格，不仅影响期货市场的正常价格发现，还会使得投资者质疑交易所的专业性，降低投资者对于交易所的信任。

交易所需要在合约上市的前一个交易日（T-1日）确定挂盘基准价，挂盘基准价要能够代表T-1日收盘时的市场价格水平，因此交易所需要考虑以下因素：第一，计算使用的数据来源是否能够表征市场主要观点，假如交易所通过投资者报价来确定挂盘基准价，交易所需要保证报价者有定价能力；第二，挂盘基准价计算需要排除可能扭曲结果的数据，比如报价数据中的离群值；第三，如果交易所通过理论模型计算挂盘基准价，则需要保证使用的模型是市场普遍使用的模型。

⇒ 抗操纵性

挂盘基准价并不影响投资者的持仓盈亏，并且使用场景很有限，市场操纵风险较低，但是也并不是完全没有被操纵的可能性。挂盘基准价是确定上市首日涨跌的基准，如果挂盘基准价数值低于市场一致观点，开盘会出现大幅上涨，相反，如果挂盘基准价数值高于市场一致观点，开盘会出现大幅下跌。一些市场操纵者因此有动机去影响挂盘基准价，从而影响上市首日的市场情绪。除了影响上市首日的价格发现功能，如果挂盘基准价很容易被操纵，也会影响投资者对期货市场的信心。

2. 数据来源和计算方法

因为挂盘基准价需要在上市首日交易尚未开始前就确定，所以计算挂盘基准价无法使用本市场交易数据和可执行报价数据。计算挂盘基准价时的可用数据来源少于结算价，挂盘基准价计算主要使用相关市场交易数据和本市场非可执行报价数据。因此计算挂盘基准价的方法也少于计算结算价，主要有两个：一是使用相关市场交易数据通过理论模型计算；二是计算非可执行报价的算数平均值。计算挂盘基准价使用的计算方法和数据来源总结见表4-5。

如前所述，产品上市首日的新合约和滚动加挂的新合约都需要挂盘基准价，但为这两类合约确定挂盘基准价的难度不同。对于产品上市首日的新合约，可用数据更少，不仅没有该合约的交易数据，也没有该产品其他合约的交易数据，比如假设交易所新上市期货产品，在该产品上市的首日，交易所没有该产品之前的交易数据，通常只能使用期货标的资产的交易数据。但是对于滚动加挂的新合约，虽然没有本合约的交易数据，但是有之前上市的其他月份合约的数据，比如上市股指期货 8 月合约时，股指期货 7 月合约已经交易了一段时间了，所以可以使用 7 月合约的价格来确定 8 月合约的挂盘基准价。

表 4-5　挂盘基准价计算方法和数据来源总结

数据来源 计算方法	相关市场交易数据	本市场非可执行报价数据
理论模型	√	
报价的算数平均值		√

⇒ **使用理论模型计算挂盘基准价**

　　和计算结算价一样，计算挂盘基准价的理论模型可以分为两类：一类是使用标的资产价格根据定价模型计算挂盘基准价，比如期货交易所计算期权合约的挂盘基准价经常使用 Black-76 模型 [①]；另一类是根据跨期套利模型计算挂盘基准价。在本章的"结算价"一节也提到过，境外交易所在确定期货非主力合约的结算价时经常采用跨期套利模型。与非可执行报价相比，理论模型的市场

---

① Black-76 模型是 Black-Scholes 期权定价模型的变体，Black-Scholes 期权定价模型计算期权价格使用标的现货的价格，而 Black-76 模型计算期权价格使用标的物的期货的价格，所以 Black-76 又称为期货期权定价模型。

操纵风险低，但是否具有市场代表性则受到模型选择和原始数据选择的影响，为了确保得到的挂盘基准价能够代表市场一致性观点，交易所应该使用市场主流的理论模型，选择原始数据时也应该和市场大部分投资者保持一致。

⇒ 使用投资者报价的平均值计算挂盘基准价

使用投资者报价来确定挂盘基准价也是一种常用的方法。交易所可能要求期货或期权产品的做市商对新上市合约进行报价，并根据报价计算挂盘基准价。交易所通常会对报价进行合理性检查，比如对期权价格进行单调性（Monotonicity）[①] 检查，还会去除报价中的离群值，然后以报价的平均值或者中位数作为挂盘基准价。投资者的报价属于非市场可执行报价，如果报价方不具有市场代表性，或者报价质量较低，可能导致计算得到的挂盘基准价不具有价格代表性。并且非可执行报价包含报价方的主观判断，很容易被操纵，报价方还可能联合起来操纵挂盘基准价。所以当交易所选择基于报价确定挂盘基准价时，通常不会仅依赖报价，还会同时使用理论模型进行测算，并将理论模型结果和投资者的报价进行对比。

---

① 根据 Black-Scholes 和 Black-76 等常用期权定价模型，看涨期权的价格是其标的资产价值的单调递增函数，而看跌期权的价格是其标的资产价值的单调递减函数。此属性称为价格单调性。

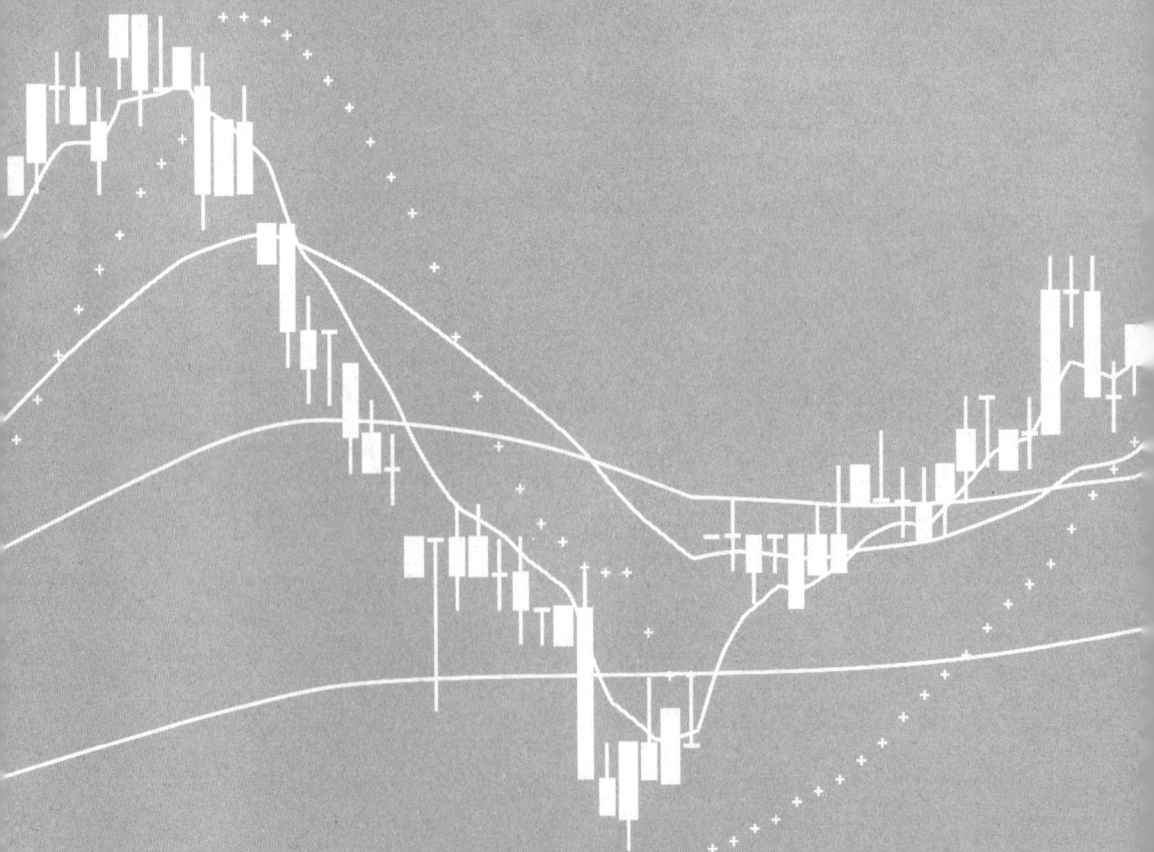

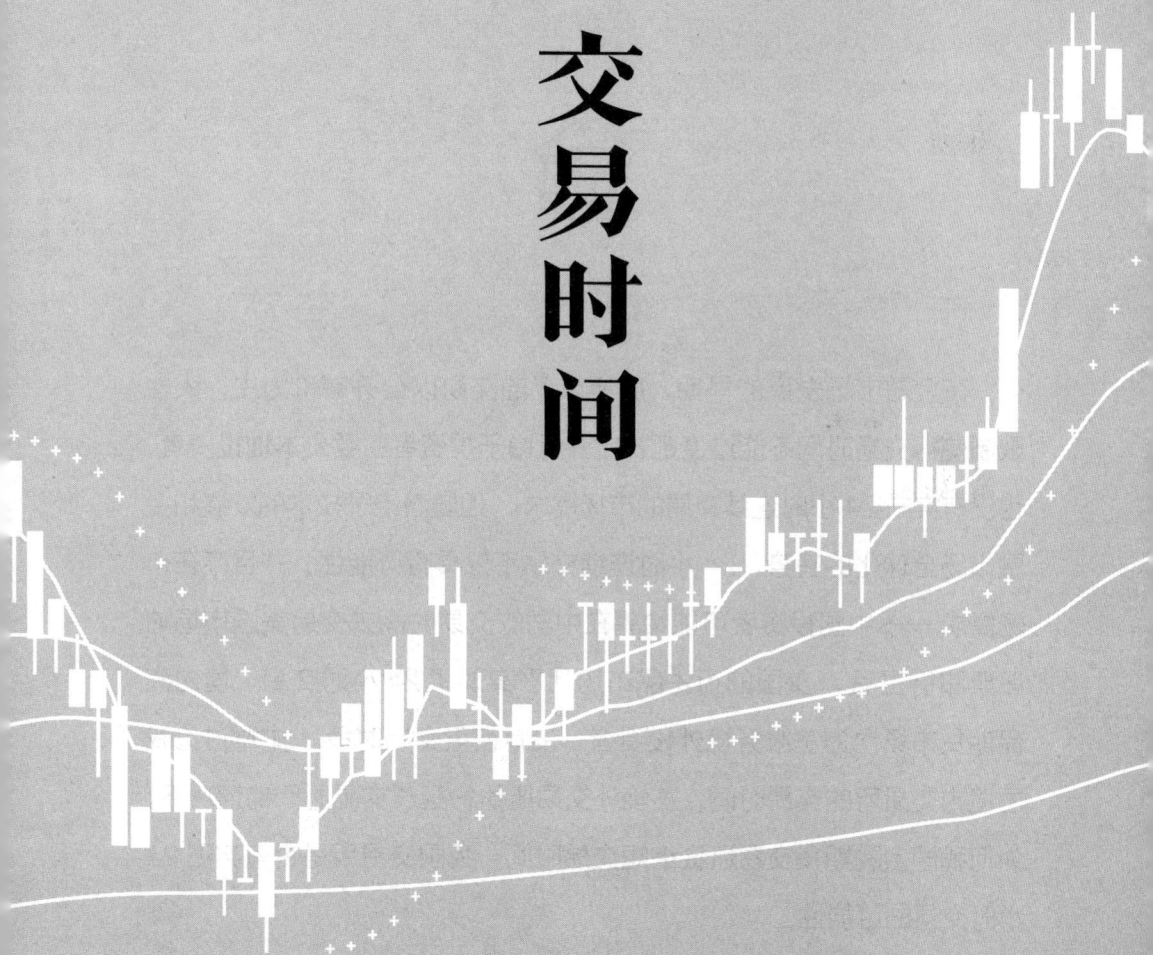

第五章

交易时间

在金融市场发展的早期，股票市场的交易以公开喊价为主，人力限制使得交易时间不能过度延长，并且由于投资者主要是本地投资者，也没有实施 24 小时连续交易的市场需求。但随着电子技术的发展和金融市场全球化的趋势，24 小时连续交易不仅具有可能性，并且存在市场需求——中国投资者可能希望在中国的交易时间去交易美国市场的股票和衍生品。美国的衍生品市场几乎实现了 24 小时交易，境内商品期货市场也为了服务境外投资者，设有夜盘交易时段。本章讨论我国境内交易所的交易时间，在境外交易所纷纷延长交易时间的情况下，为何我国金融期货交易所会缩短交易时间，我国交易所是否有实现 24 小时交易的可能性。

设计交易时间

　　交易所设计交易时间会权衡运营成本和投资者交易需求，以求可以达到效能最大化。从投资者的角度看，因为新的市场信息随时可能发布，理想的状态是证券和衍生品市场 24 小时交易，投资者的投机交易和风险管理需求可以得到充分的满足。但早期的证券和衍生品交易时间主要受技术和人力所限，首先，由于交易的记录采用纸张，并且需要大量人员手工录入，交易时间不能过长。其次，早期交易采用公开喊价交易方式，交易经纪人需要时间休息。但是随着电子化交易和电子化结算的发展，24 小时连续交易已经不再有技术限制，部分市场的境外投资者较多，各时段都有交易需求，因此这些市场的交易所的交易时间一般较长，比如美国的衍生品交易基本上是全天进行，芝加哥商业交易所（CME）的利率期货在其电子交易平台 Globex 上的交易时间是周一至周六的下午 17：00 至下一日下午 16：00，24 小时中只有 1 个小时不能交易。美国金融市场高度国际化，投资者来自不同时区，为了满足这些投资者的需求，美国主要交易所的交易时间都较长。但对于主要由同时区的投资者构成的市场而言，延长交易时间带来的效益相对成本较低，因此这些本土化的交易所并不实行全天交易。

（一）境内交易所的交易时间安排

境内交易所在设计交易时间时，一方面考虑技术和人力的可行性，另一方面则是考虑投资者的交易需求。境外投资者虽然已经通过沪深港通参与我国证券市场，但是通过沪深港通参与我国证券市场的境外投资者主要来自亚太地区，我国证券交易所现有的交易时段已经基本覆盖了其活跃交易时段，因此证券交易所并没有为了境外投资者增设夜盘交易时段。但是一些商品期货的境外投资者来自欧洲和美国，并且境内商品期货市场和境外市场的联动较为密切，为了覆盖境外投资者的活跃交易时段以及便于投资者在获得境外相关市场的信息后立即进行交易，境内的商品期货交易所一般开设夜盘。境内交易所的交易时间总结见表5-1。

表5-1　境内交易所交易时间总结（统计截至2023年8月）

交易所	金融产品	日盘交易时间[①]	夜盘交易时间
上海证券交易所	股票	上午：9:15—9:25（开盘集合竞价时间）， 9:30—11:30（连续竞价时间） 下午：13:00—14:57（连续竞价时间）， 14:57—15:00（收盘集合竞价时间）	无
深圳证券交易所			
北京证券交易所			
郑州商品交易所	棉花期货	上午：9:00—10:15（第一节）， 10:30—11:30（第二节） 下午：13:30—15:00（第三节）	21:00—23:00

---

① 期货交易所的交易时间均为连续竞价时间。

交易所	金融产品	日盘交易时间 [1]	夜盘交易时间
大连商品交易所	铁矿石期货	上午：9:00—10:15（第一节），10:30—11:30（第二节）下午：13:30—15:00（第三节）	21:00—23:00
上海期货交易所	铜期货	上午：9:00—10:15（第一节），10:30—11:30（第二节）下午：13:30—15:00（第三节）	21:00—01:00
上海国际能源交易中心	原油期货	上午：9:00—10:15（第一节），10:30—11:30（第二节）下午：13:30—15:00（第三节）	21:00—02:30
广州期货交易所	工业硅期货	上午：9:00—10:15（第一节），10:30—11:30（第二节）下午：13:30—15:00（第三节）	无
中国金融期货交易所	沪深 300 股指期货	上午：9:30—11:30（第一节）下午：13:00—15:00（第二节）	无

资料来源：笔者根据各交易所规则整理。

我国交易所会为不同金融产品设置不同的交易时间，表 5-1 列举了一些比较标志性的金融产品的交易时间，并没有穷尽我国金融市场所有金融产品的交易时间。概括而言，我国的交易所每周设 5 个交易日（遇国家法定假日除外），三家证券交易所、中金所、广期所目前只有日盘交易时段，而大部分商品期货交易所每一个交易日分为日盘交易时段和夜盘交易时段。对于有夜盘的交易所，计算期货交易日的规则是，交易时间从夜盘开始到当天白天交易结束，比如周一夜盘交易时段为上周五的 21：00 至周六的 2：30。在遇到节假日时，节

---

① 期货交易所的交易时间均为连续竞价时间。

假日的前一日没有夜盘交易。是否开设夜盘主要看该期货品种的国际化程度，交易所会对境外投资者参与较多，境内外市场联动较多的期货品种开设夜盘交易时段，鸡蛋期货和苹果期货这种国际化程度不高的品种就没有夜盘交易时段。

商品期货交易所的日盘交易时间一致，均为上午 9：00—11：30 以及下午 13：30—15：00。上午的交易时间还分两个小节，在 10：15—10：30 之间有 15 分钟的休盘时间。而中金所的上午交易时段没有休盘时间，从 9：30 连续交易到 11：30。

商品期货交易所之所以在上午交易时段设置了 15 分钟休息时间，有一定的历史原因。境内商品期货交易早期不允许投资者远程自助交易，投资者的交易指令需要通过电话报给期货公司的出市代表[①]，由出市代表输入交易所的交易系统。因此商品期货交易所在上午交易时段设置了 15 分钟休息时间，供现场的出市代表休息。目前投资者进行商品期货交易可以远程自动下单，但是商品期货交易所还是保留了上午的 15 分钟休盘时段。目前商品期货交易所上午的 15 分钟休盘时段主要供交易所检查会员资金和进行会员风控提醒。中金所开业较晚，从其开业开始，就允许投资者远程自助下单交易，因此没有在上午交易时段设置 15 分钟的休盘时间。

商品期货交易所的夜盘交易时间则并不统一，郑商所和大商所的夜盘交易时间一致，均为 21：00—23：30。而上期所和旗下的上期能源针对不同产品设置了不同的夜盘交易时间，黄金、白银、原油期货的夜盘交易时间最长，为 21：00-2：30；其次是铜、铝、锌、铅等金属期货品种，夜盘交易时间为 21：00-1：00；螺纹钢、热轧卷板、石油沥青、天然橡胶等品种的夜盘时间为

---

① 出市代表是受期货公司委派并代表期货公司在交易大厅接受投资者的交易指令进行期货交易的人员。在我国期货市场，由于这些期货公司的出市代表身穿红色马甲，所以期货行业内称其为"红马甲"。

21：00—23：00，夜盘交易时间最短。

概况而言，境内交易所设置交易时间的主要原则是覆盖投资者的活跃交易时间，同时也考虑相关期货市场和现货市场的交易时长。之所以还要考虑相关市场和现货市场，是为了避免期货市场在休盘时，现货市场和相关市场还在交易，因此不断出现新的市场信息，导致期货市场开盘即出现价格跳空的问题。

（二）期货开盘时间和现货开盘时间的先后关系

很多投资者会关注衍生品市场和标的现货市场开盘时间的前后关系。比如2015年中国股市大幅下跌期间，一些投资者质疑为何股指期货市场先于股市开盘。由于受到的市场质疑之声过多，中金所股指期货的交易时间于2016年1月1日进行了调整，由原来提前证券市场15分钟开盘并且晚于证券市场15分钟收盘[1]，调整为和现货市场同步。本节专门讨论期货市场的开盘时间是否必须要协调现货市场开盘时间。

全球主流交易所的衍生品交易开盘时间大部分早于现货交易，衍生品开盘时间晚于现货的情况并不多见。表5-2列举了德国、美国和日本市场的证券交易时间和股指期货交易时间。

德国、美国和日本三国股指期货市场的交易时间均长于证券市场交易时间，开盘时间也早于证券市场。实际上，不能说期货市场的交易时间设计可以完全脱离标的现货市场的交易时间，由于衍生品是风险管理工具，因此衍生品交易

---

[1] 2016年1月1日调整之前，沪深300股指期货的连续竞价交易时间为：9:15-11:30（第一节）和13:00-15:15（第二节）。调整之后的沪深300股指期货连续竞价交易时间为9:30-11:30（第一节）和13:00-15:00（第二节）。

所的交易时间至少应该覆盖其标的产品的交易时间。如果衍生品的交易时间不能覆盖标的产品的交易时间，那么当标的产品突然出现风险时，投资者无法及时进行风险管理。

表5-2　德、美、日交易所股指期货和股票交易时间对比

（数据截至 2023 年 8 月）

市场	德国	美国	日本
股票	法兰克福证券交易所（FWB）：09:00—17:30	纽约证券交易所（NYSE）：9:30—16:00（核心交易时间）	东京证券交易所：上午 9:00—11:30，下午 12:30—15:00
股指期货 ①	欧洲期货交易所（Eurex）：01:10—22:00（STOXX 50 股指期货）	芝加哥商业交易所（CME）：周日 18:00—周五 17:00（迷你标普 500 股指期货）②	大阪交易所：日盘 8:45—15:15，夜盘 16:30—6:00（日经 225 股指期货）

资料来源：笔者根据各交易所网站整理。

期货市场的开盘时间是否必须和标的产品市场的开盘时间保持一致，期货市场是否不能先于标的产品市场开盘？对于该问题，境内市场的观点并不统一，有观点认为衍生品先开盘会干扰后开盘的现货市场价格。这种观点的支持者认为投资者会使用先形成的期货开盘价格来预测随后产生的现货开盘价，

---

① 股指期货的交易时间是指电子交易平台上的连续交易时间。

② CME Globex 平台基本实现了全天交易，每个交易日只有 1 个小时（17:00—18:00）不能交易。

因此市场操纵者有动机去操纵衍生品市场的开盘价格，从而影响随后的现货价格，导致现货开盘价格出现异常，即期货提前开盘会引导现货出现本不会出现的涨跌。这种观点的本质是认为现货市场会受到期货市场交易情绪的影响，导致现货会跟随期货的涨跌。理论上，衍生品价格和其标的现货价格反映同样的市场信息，即使现货市场在期货市场之后开盘，其涨跌与否和期货的涨跌并非因果关系，现货市场的涨跌主要是对市场的反映，而非来自期货市场情绪的影响。

二

境内期货交易所实现 24 小时连续交易

随着金融市场全球化的不断推进，交易所为了吸引境外投资者不断延长交易时间，24 小时连续交易是全球交易所的发展方向。从市场需求角度看，目前我国证券市场和期货市场的境外投资者有限，暂时没有实施 24 小时连续交易的必要性。但实际上，即使存在 24 小时连续交易的需求，目前我国境内期货市场的交易前风险控制体系和结算体系也给实现连续交易带来了一定障碍，本节主要讨论为何我国现有的期货交易前风控方式和日终结算方式导致我国期货交易所无法实现 24 小时连续交易。

（一）交易前风控检查制约了实现 24 小时连续交易

实现 24 小时连续交易的前提是交易所的结算系统和交易系统要能够并行，因为 24 小时交易意味着交易系统要 24 小时运行，但是衍生品交易有逐日盯市的要求，所以结算系统必须在一日当中的某个时点或者多个时点启动结算，如果交易系统和结算系统不能同时运行，则交易在结算时必须中断。我国期货的交易与结算正是采用前后串行模式——开盘时交易系统必须等待结算系统的资金数据才能启动，两者无法同时进行，即不可能在市场还处在交易状态下，就开始进行期货持仓的结算，也不可能在结算未完成时，就开始交易。

虽然这看上去是个技术问题，但其实核心原因是我国期货交易采用交易前风控检查，导致交易系统和结算系统紧密结合，交易系统运行必须依赖结算系统。具体来说，在交易时段，期货交易所的交易系统需要实时估算代理投资者结算的结算会员的资金情况，并在投资者开仓前，对代理其结算的结算会员进行交易前资金检查，如果资金不足则不能开仓。由于交易系统需要计算结算会员的资金是否充足，所以交易系统必须依赖结算系统提供的数据，如果结算系统不能提供结算会员的资金数据给交易系统，交易系统则无法运行。并且由于逐日盯市制度[①]的要求，在新的交易日开始时，投资者只有在其结算会员的结算准备金余额大于结算准备金最低余额时才能够进行期货的开仓交易，因此在每个交易日开盘前，交易所的交易系统必须等待结算系统完成结算程序，随后依据结算系统提供的准确结算数据对结算会员的资金情况进行检查，然后才能启动当日的交易。这意味着境内期货交易所的交易与结算只能是前后串联的关系。

部分境外交易所之所以可以实现全天连续交易，无须暂停交易等待结算完成，正是因为这些交易所没有交易前资金检查，结算会员在交易前无须提前准备好开仓需要的保证金，只要在日终结算时补足保证金即可。这些境外交易所的交易系统的运行不依赖其结算系统提供的数据，即交易系统无须和结算系统绑定，结算系统可以在交易系统运行的过程中进行持仓的结算，而交易系统在结算系统进行结算时也可以进行订单撮合。

我国的期货交易所之所以要进行交易前资金检查，也是出于谨慎控制风险的目的，一是因为我国交易所每个交易日仅在日终结算，因此如果不在盘中判

---

① 我国交易所行业也称逐日盯市制度为当日无负债结算制度。

断保证金是否充足，风险会一直积累到日终，即交易所可能会在日终结算时突然发现大量结算会员存在资金不足的情况。而境外交易所普遍采用一日多次结算，结算次数更多，风险积累的时间更短。

虽然交易前资金检查似乎是非常谨慎的风险控制手段，但是该制度一方面限制了我国期货市场进一步延长交易时间，另一方面也有过度保守的嫌疑，因为在交易所已经设置了严格的结算会员准入机制的前提下，交易前资金检查的必要性较低。实际上，严格的结算会员准入标准可以有效控制来自结算会员的对手方信用风险，结算会员在日终出现资金不足的概率很低，因此如果交易所对结算会员的资格审核和持续监控确实有效，交易所可以适当给予结算会员一定授信。而且交易前资金检查只是预估结算会员的资金充足性，并不能完全控制风险。在估算时，昨日持仓以及今日新开仓所占用的交易保证金使用前一交易日的结算价进行估算，平仓盈亏则根据平仓成交价与持仓均价预估。可以看出，交易前资金检查不计算持仓浮动盈亏，因此这种预估并不准确，交易前风险检查预估的会员结算准备金余额与正式结算时的结算准备金余额有一定差距，即使结算会员在盘中通过了交易前资金检查，日终仍有可能出现资金不足。概括而言，交易前资金检查的有效性和必要性并不高。

（二）结算耗时过长制约了交易时间延长

即使交易系统需要等待结算系统完成结算才能再次启动，如果结算时间很短，交易所的交易时间也可以延长，甚至是接近 24 小时连续交易。但当前我国期货市场所需结算时间较长，限制了交易时间的进一步延长。

期货结算涉及多类市场参与者的数据和资金交互，这导致了境内期货日终结算耗时较长。具体来说，境内期货市场日终结算的惯例是必须等待期货公司完成全部交易所的结算后，才能开始下一个交易日的交易，全市场完成结算需要经历各交易所对其结算会员的结算、结算会员对交易会员或客户的结算，还要经历交易所、会员、银行、中国期货监控之间的资金核对以及交易所系统、会员终端下一交易日参数与数据的初始化等环节，目前全市场完成全部结算工作需要的时间在5个小时左右，如遇交割日或交易所调整保证金水平等特殊业务事件，所需时间还可能进一步延长。为此，境内期货交易所在设计交易时间时，通常会为收盘与次日开盘之间预留6小时左右的时间窗口。由于商品期货交易所设有夜盘交易时段，夜盘开盘时间为21：00，因此日盘收盘时间就需要设置在15：00左右，如果日盘收盘太晚，则可能影响夜盘准时开盘。

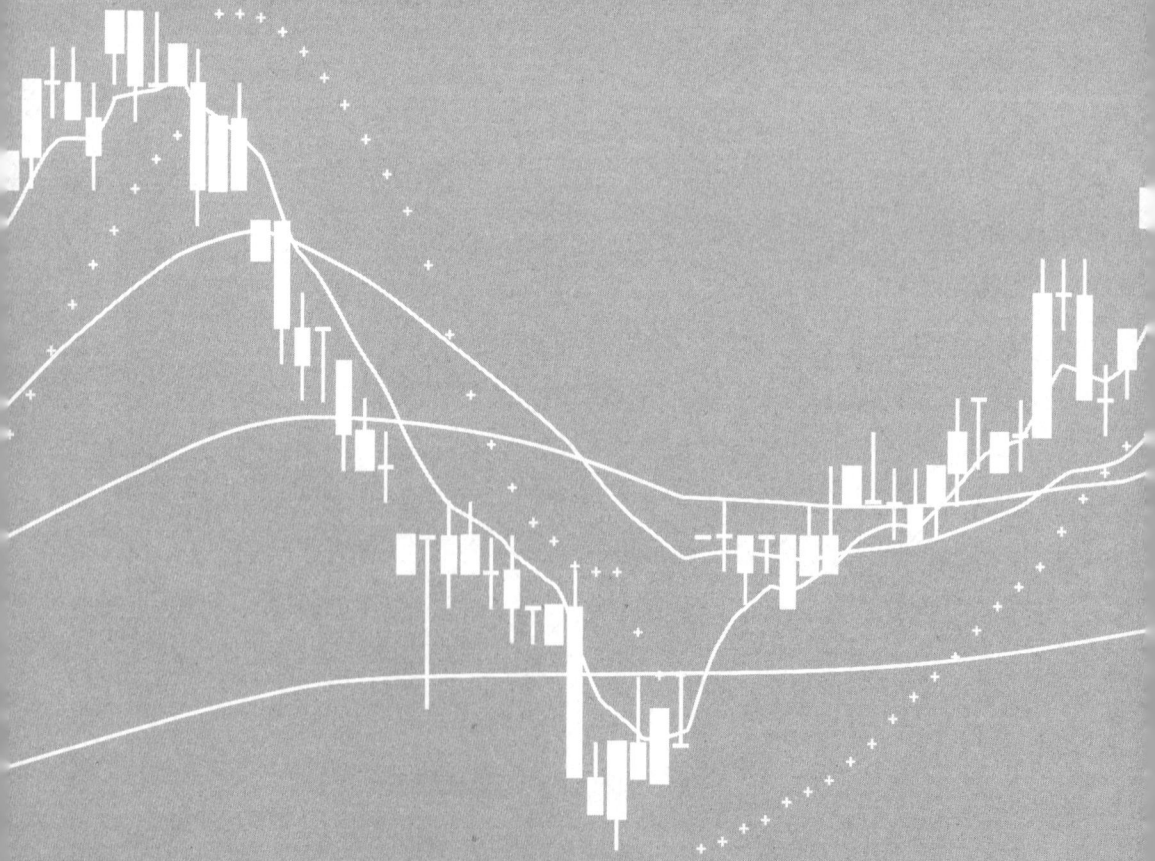

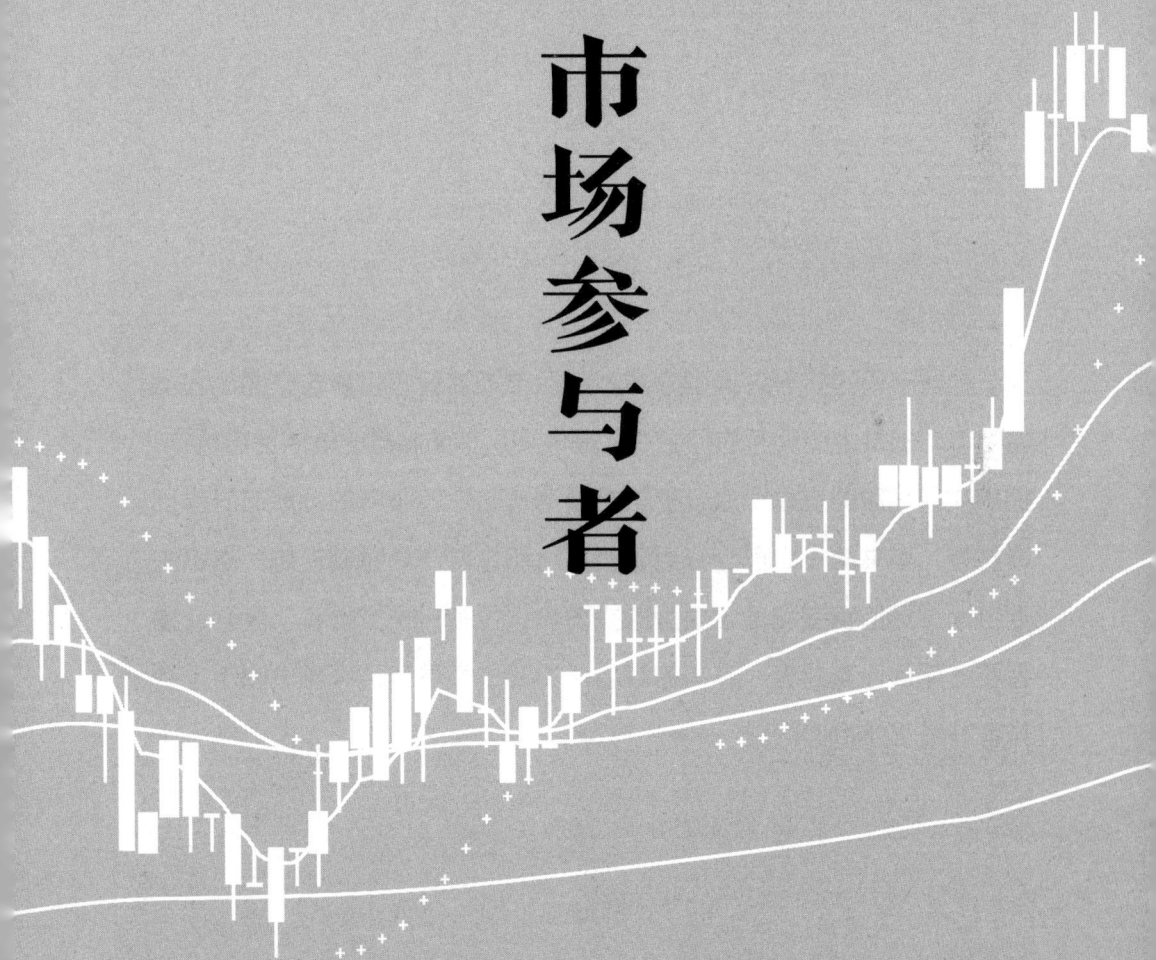

第六章

市场参与者

金融市场的参与者类型众多，包括市场监管者、参与交易的各类投资者，提供中介服务的经纪商、提供交易辅助服务的信用评级机构、提供交易场所的交易所以及提供交易清算和托管服务的金融市场基础设施等，本书第一章已经介绍了交易所和金融市场基础设施，本章主要讨论市场监管者和各种类型的投资者，包括投机交易者、套利交易者和套期保值交易者，本章的最后讨论了一类具有特殊身份的市场参与者——做市商。

一

金融市场监管框架概述

持续的金融产品创新、不断发展的交易技术和多样的参与者都给金融市场的监管者带来了挑战。因为金融市场监管的难度和复杂度，金融市场的监管往往涉及多个监管者，监管者们通常基于一定标准进行监管分工，并被赋予了不同的监管权力。本节是对金融市场监管结构的概述，介绍金融监管权的分类和监管范围的划分方式。

（一）监管权力分类

监管者通过施加行政权力的方式来实现其监管目标，常见的监管金融市场的权力类型包括如下：

⇒ 牌照发放权和准许注册权

牌照发放权和准许注册权是监管者对市场准入的管理。监管者通过允许特定的被监管对象从事特定的金融市场活动，来实现其监管目的。由于金融业务的专业性和其对实体经济的广泛影响，全球都对从事金融业务实行严格的准入机制和牌照管理。监管者向机构授予允许其从事特定金融业务活动的牌照，该机构必须遵守相应的规则，如果违反了规则，则面临处罚，甚至是被吊销牌照。举例来说，在我国境内市场，中国证监会批准设立期货交易所、证券交易所和证券公司，即中国证监会有交易所牌照和证券公司牌照的发放权。

⇒ 法规制定权

法规制定权是指监管者可以通过制定法规来规范市场行为，比如中国人民银行可以制定与其职责有关的部门规章。

⇒ 监督权

监管者通过监督权来保证被监管者遵守其制定的规则。监管者可以监督市场参与者的行为和规则遵守情况，确保持牌机构持续地满足市场准入要求，以及监控市场整体风险状况。监督权的实现形式包括定期对被监管对象进行检查，或是要求其提供数据和信息。

⇒ 强制执行权

监管者有权要求被监管对象改正其行为。金融监管的强制执行权的实现形式包括要求被监管对象改正行为，对被监管对象施加行政罚款，要求侵害投资者利益的被监管对象赔偿投资者损失，对金融市场的违法行为提起司法诉讼，暂停或吊销金融业务牌照等。

⇒ **处置权**

处置权是指监管者可以接管出现问题的被监管机构，或是负责被监管机构的破产清算程序。当公司破产时，一般通过司法程序由法院指定管理人进行破产清算。但是由于金融市场的专业性和影响的广泛性，当金融机构陷入危机时，会由金融监管者负责接管陷入危机的金融机构、交易所或金融市场基础设施，或是负责破产金融机构、交易所或金融市场基础设施的清算程序。

在一些国家和地区，同一家监管者可能同时具有多项上述的权力，但是也有国家和地区出于监管分工的目的，将上述权力赋予不同的监管者。

（二）监管范围划分方式

当金融市场由一家监管机构统一监管时，没有权力划分的问题，比如新加坡金融市场统一由新加坡金融监管局（Monetary Authority of Singapore，简称 MAS）监管，新加坡金融监管局不仅是新加坡的中央银行，还负责对新加坡所有金融机构的行为进行监管。但同一个市场存在多个监管者的情况更为常见，比如美国证券市场由美国证券交易委员会（Securities and Exchange Commission，简称 SEC）监管，而衍生品市场由美国商品期货交易委员会（CTFC）监管。我国的金融监管体系也是由中国人民银行、国家金融监督管理总局、证监会等多家监管机构分工监管。当一个市场存在多个监管者时，就需要依据一定标准划分管辖权。全球范围看，由于各地区市场发展历程的差异，监管者划分管辖权没有统一标准，基本包括以下几种划分方式：

⇒ 监管特定机构类型或特定行业

一些监管者只监管特定的机构或者特定的金融行业。这类监管方式保证了监管者对其监管对象各方面的行为都有监管权，但也会导致监管缺乏一致性。比如对于相同的市场行为，由于实施行为的机构不同，监管者也因此不同，其监管方式和标准可能存在差异。比如我国由中国人民银行监管金融债券的发行，金融债券发行标准由其制定，但公司债券的发行由中国证监会负责监管，公司债券的发行标准由证监会制定。

⇒ 监管特定市场

监管者对特定市场具有管辖权，对于其他市场则没有管辖权。比如美国CFTC 监管衍生品市场，因此可以监管衍生品市场的高频交易行为，但对于发生在证券市场的高频交易行为则没有管辖权。

⇒ 监管特定金融业务活动

监管者对特定的金融业务活动具有监管权，不论参与该活动的金融机构以及该行为发生的场所。比如一家监管机构可能专职监管金融机构的外汇交易行为，不论是何种金融机构，也不论外汇交易在交易所市场还是场外市场进行，只要涉及外汇交易业务就受其监管。

从各国和地区金融市场的监管实践上看，很少有市场只采用一种监管分工标准，大部分市场的监管划分同时使用多个标准。

二

我国金融市场监管者

中国金融市场有着一些有别于欧美金融市场的特征。第一，在中国 A 股市场，自然人投资者对成交量的贡献依然非常显著；第二，在中国境内衍生品市场，商品衍生品占据了交易所交易量的最大份额，但在欧美市场正好相反，金融衍生品占交易所交易量的绝大部分。这些特征给监管中国金融市场增加了一些难度。为了使金融监管体系和不断发展的境内金融市场相适应，我国金融市场经历了多次监管改革，最近一次重大的金融监管体系改革发生在 2023 年 3 月——中共中央、国务院印发了《党和国家机构改革方案》，其中与金融监管有关的重点改革包括：组建中央金融委员会、组建国家金融监督管理总局、中国证券监督管理委员会调整为国务院直属机构等。

本次金融监管改革后，我国金融监管体系可以被概括为"一委、一行、一总局、一会、一局"，分别指的是中央金融委员会（简称中央金融委）、中国人民银行、国家金融监督管理总局（简称金融监管总局）、中国证券监督管理委员会（简称证监会）和国家外汇管理局。

（一）我国金融监管体系和其特征

2023年3月国家机构改革后的境内金融监管体系结构如图6-1。境内金融监管体系主要涉及5家监管机构，表6-1总结了这5家监管机构的性质和主要监管职责。

中央金融委是国务院议事协调机构，其设立目的是为了加强党中央对金融市场的集中统一领导，负责金融稳定和金融市场发展的顶层设计工作，中央金融委并不实际执行金融监管工作，实际的金融监管工作由中国人民银行、金融监管总局和证监会等执行。中国人民银行是我国的中央银行和宏观审慎监管机构，因此既承担制定货币政策和外汇政策的职责，也承担宏观审慎监管职责。除此之外，因为央行负责制定货币政策和外汇政策，所以央行对影响外汇汇率和市场利率的银行间外汇市场和银行间债券市场也有监管权。金融监管总局是2023年国家机构改革后新成立的监管机构，金融监管总局在原银保监会的基础上组建，职责权限大于原银保监会，统一负责除证券业之外的金融业监管，以及金融消费

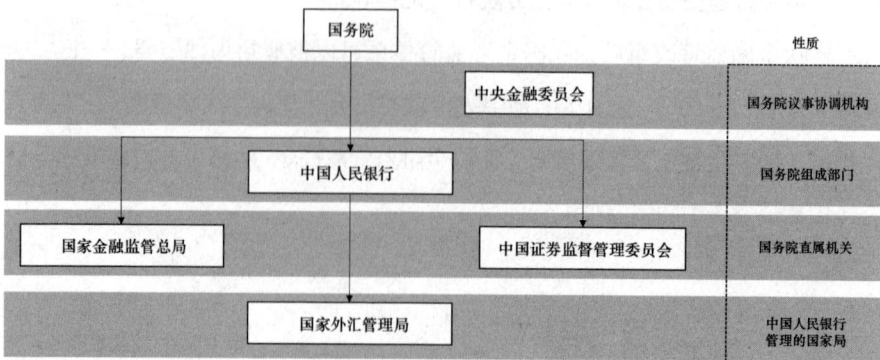

图6-1 我国境内金融监管体系结构（2023年3月后）

表 6-1 境内主要金融监管机构的职责分工

监管机构名称	性质	主要监管职责
中央金融委	国务院议事协调机构	负责金融稳定和发展的顶层设计、统筹协调、整体推进、督促落实
中国人民银行	国务院组成部门	（1）制定货币政策和信贷政策； （2）宏观审慎监管； （3）监管银行间债券市场、货币市场、外汇市场、票据市场、黄金市场及上述市场有关场外衍生品市场
金融监管总局	国务院直属机关	（1）统一负责除证券业之外的金融业监管； （2）金融消费者保护和投资者保护
证监会	国务院直属机关	证券业监管
外汇管理局	中国人民银行管理的国家局	外汇管理

资料来源：作者整理。

者[1]保护和投资者[2]保护。证监会负责对证券市场和交易所衍生品市场的监管，在场外衍生品的监管方面，证监会主要负责证券公司参与的场外衍生品交易的监管。外汇管理局受中国人民银行管理，局长由人民银行行长或者副行长兼任，负责管理具体的外汇事务，包括国际收支管理、外汇储备管理以及外汇相关机构

---

[1] 根据《中国人民银行金融消费者权益保护实施办法》，金融消费者是指购买、使用银行、支付机构提供的金融产品或者服务的自然人。

[2] "投资者"主要出现在证券业有关适当性管理的各项规定中，"投资者"内涵和外延与金融消费者并不相同，在证券业有关投资者适当性管理的各项规定中，"投资者"可以是个人、机构，或机构管理的金融产品。

的监督等。总体来说，上述内容只是对我国金融监管机构职责的大致介绍，在利率和外汇市场，我国金融监管机构的分工非常细致，很难简单概括。

2023年3月金融监管改革后，我国境内金融市场监管有两个明显特征。

第一，金融监管总局统一多项监管职责，市场监管方式不再采用分业监管，有向统一监管转变的倾向。在上一节讨论监管范围划分方式时提到过，监管范围划分方式之一是按照行业划分，即所谓的分业监管。"一行三会"时期[①]，我国金融市场采用的就是按照行业划分监管范围，由证监会负责证券业的监管，保监会负责保险行业的监管，银监会负责银行业的监管。而2023年3月机构改革后，我国金融市场监管不再明显按照行业划分不同监管机构的职责，虽然尚没有像新加坡的金融监管体系一样，完全由一家监管机构统一监管，但有向该方向转变的倾向。金融监管总局统一了多项监管职能，统一负责证券业以外的金融业的监管，并且统一负责金融消费者和投资者保护。在2023年金融监管改革之前，金融消费者保护的职责本属于中国人民银行，而投资者保护的职责本属于证监会。虽然统一监管是我国金融市场监管改革的方向，但是目前我国金融市场还有按照行业进行监管分工的情况，比如证券业监管由证监会负责。也有按照市场进行监管分工的情况，比如银行间债券市场由中国人民银行监管，而交易所债券市场由证监会监管。

第二，区分宏观审慎监管和市场行为监管，作为中央银行的中国人民银行主要负责宏观审慎监管，而金融监管总局、证监会和外汇管理局则是分工负责市场行为监管[②]。将金融监管分为宏观审慎监管和市场行为监管的想法，由英国

① "一行三会"时期是指2003年至2018年，"一行"是指中国人民银行（负责制定和实施货币政策），"三会"分别是指证监会、银监会和保监会。

② 金融监管总局和证监会除了负责行为监管，还负责微观审慎监管。

经济学家迈克尔·泰勒（Micheal Taylor）在 1994 年提出，该金融监管结构的基础理论被称为"双峰"理论（Twin-peaks），该理论认为金融监管应该有两个并行的目标：一个是宏观审慎监管，另一个是投资者保护。从"双峰监管"的名字中就可以看出，双峰监管体系下，至少要有两家监管机构——宏观审慎监管机构和市场行为监管机构，两家监管机构职责划分的基础是监管目的，宏观审慎监管机构的目的是维护金融市场稳定，而行为监管机构的目的是规范市场交易行为以及投资者保护。英国、荷兰、瑞士和西班牙等国使用这种监管结构，英国是其中的典型代表，2013 年，英国根据《2012 年金融服务法案》（*Financial Services Act 2012*），将原有的金融服务局（Financial Services Authority，简称 FSA）分拆为审慎监管局（Prudential Regulation Authority，简称 PRA）和金融行为监管局（Financial Conduct Authority，简称 FCA）两个机构，正式确立了基于双峰理论的金融监管框架。目前我国境内金融体系的监管结构采纳了一定"双峰监管"的理念，但不能完全说我国金融监管采用了"双峰监管"，因为虽然中国人民银行主要负责宏观审慎监管，但是中国人民银行还承担一定的交易行为监管职责，中国人民银行还负责监管银行间市场和上海黄金交易所。

（二）谁负责监管交易所和金融市场基础设施？

上一节讨论了我国境内金融市场的监管体系，主要从宏观角度介绍各监管机构的分工，本节则是从微观角度介绍不同监管机构在监管我国交易设施和金融市场基础设施上的分工。

目前，我国金融市场交易的金融产品的种类非常丰富，包括股票、债券、外汇、信用衍生品、利率衍生品、外汇衍生品、权益类衍生品、大宗商品衍生品等，这些金融产品在不同的交易设施进行交易。我国的各类交易设施并不是统一由一家监管机构监管，按照交易设施交易的金融产品不同，其监管机构也不同，我国境内大部分交易设施由中国证监会监管，但还有一部分交易设施由中国人民银行监管，具体见表6-2。

表6-2　我国交易设施的监管机构
（截至2023年8月）

交易设施名称	监管机构
上海证券交易所	证监会
深圳证券交易所	证监会
北京证券交易所	证监会
郑州商品交易所	证监会
大连商品交易所	证监会
上海期货交易所	证监会
上海国际能源交易中心	证监会
广州期货交易所	证监会
中国金融期货交易所	证监会
全国银行间同业拆借中心（又名"外汇交易中心"）	中国人民银行
上海黄金交易所	中国人民银行

我国交易场所的监管以证监会为主，3家证券交易所和6家期货交易所都是由证监会监管。但是由于央行负责制定货币政策，因此对一些和货币政策有

关的金融产品有监管权，交易这些金融产品的交易设施受中国人民银行监管。

我国主要金融市场基础设施的监管机构见表6-3。

表6-3　我国主要金融市场基础设施的监管机构

（截至2023年8月）

金融市场基础设施名称	类型	监管机构
郑州商品交易所	中央对手方	证监会
大连商品交易所	中央对手方	证监会
上海期货交易所	中央对手方	证监会
上海国际能源交易中心	中央对手方	证监会
广州期货交易所	中央对手方	证监会
中国金融期货交易所	中央对手方	证监会
中国证券登记结算有限公司（中国结算）	中央对手方、中央证券存管机构、证券结算系统	证监会
中央国债登记结算有限责任公司（中央结算）	中央证券存管机构、证券结算系统	中国人民银行、财政部、国家发展和改革委员会、金融监管总局、证监会
上海黄金交易所	中央对手方	中国人民银行
上海清算所	中央对手方、中央证券存管机构、证券结算系统	中国人民银行

资料来源：笔者根据各金融市场基础设施PFMI披露报告整理。

在我国，对金融市场基础设施的监管分工实际上是监管机构在交易设施监管上分工的延续，如果监管机构监管一家交易设施，那么通常也监管为这家交易设施提供服务的金融市场基础设施。证监会负责监管证券交易所，因此为股票交易提供结算服务和中央存管服务的中国结算也归证监会监管。同样的，为银行间市场提供服务的两家金融市场基础设施——中央结算和上海清算所也受中国人民银行监管。金融市场基础设施一般主要由一家监管机构监管，比如作为中央对手方的期货交易所都由证监会监管，但中央结算比较特殊，同时受中国人民银行、财政部、国家发展改革委、金融监管总局和证监会多家监管机构的监管。中央结算之所以受到多家监管机构的监管，是因为其业务覆盖多个监管机构的职责范围，比如中央结算负责托管国债、地方政府债、政策性金融债、企业债等债券品种，其中国债和地方政府债属于财政部监管事项、政策性金融债属于中国人民银行监管事项、铁道债券属于发展改革委监管事项、企业债属于证监会监管事项[1]。中央结算还负责开发和运作理财信息登记系统、信托产品登记系统和信贷资产登记流转系统，该业务由金融监管总局监管。

---

① 2023年3月国家机构改革前，企业债券属于发展改革委监管审核的债券产品。根据《国务院机构改革方案》，企业债券发行审核职责由发展改革委划入证监会，证监会统一负责公司（企业）债券发行审核工作。

三

投机者、套利者和套保者

在我国，包括证券交易所市场、期货交易所市场在内的交易所市场是面向公众的市场，各类投资者均可参与[①]，其中境内投资者包括商业银行、信用社、非银行金融机构（包括信托公司、财务公司、租赁公司和汽车金融公司等）、证券公司、保险公司、基金公司、非金融机构、非法人机构投资者、个人投资者等。但本节并不按照投资者是金融机构还是个人来讨论投资者的行为，而是从交易者的交易目的出发，讨论投机型投资者、套利型投资者和套期保值型投资者的特征，以及境内期货交易所为什么要对这三类投资者进行分类管理。

（一）投机者、套利者和套保者的交易特点

按照投资者的交易目的，可以将其分为投机者、套利者和套期保值者（简称套保者）。简单来说，投机交易和套利交易的交易目的都是赚取收益，两者

[①] 虽然各类投资者都可以参与交易所市场，但是出于投资者保护的目的，对于一些风险特征较为复杂的金融产品，交易所设置了交易者适当性要求，交易者必须具备一定市场经验、金融知识和资金才可以参与这些金融产品的交易。

的区别是投机交易有较高的风险，而套利交易无风险或者低风险。套期保值交易的交易目的是管理风险，套期保值交易者的整体持仓是无风险的或者接近无风险的。

⇒ **投机交易**

投机交易者一般会对资产价格的变化方向进行判断，常见交易策略有两种：第一种是基本面投机策略，即根据基本面信息对价格变化方向进行判断，比如投资者认为经济发展较快，因此市场对原油的需求会增加，原油期货的价格会上涨，那么投机者就会买入原油期货，希望通过原油期货上涨而获利。第二种是技术分析投机策略，投机者会根据技术指标判断价格变化方向和买入时机，比如投机者根据 MACD[①] 指标判断股票价格将出现一波上涨，因此选择买入该只股票。但并不是所有投机交易者都需要对资产价格变化方向进行判断，一些投机交易策略不需要判断价格变化方向。比如期权跨式交易策略（Straddle）[②]是一种典型的交易波动率的投机策略，投机者不对标的资产价格的变化方向进行判断，而是对标的资产价格的波动水平进行判断，买入跨式期权组合的本质是买入了波动率，投机者在市场波动变大时获利。

---

① 平滑移动平均线，英文为 Moving Average Convergence and Divergence，是技术分析常用的趋势指标，该指标运用短期移动平均线和长期移动平均线之间的聚合和分离情况，判断买卖的时机。

② 买入跨式期权组合意味着同时买入行权价相同、到期日相同的看涨期权和看跌期权。

⇒ 套利交易

套利交易利用相关市场之间的不合理价差来产生低风险或者无风险收益，当价差高于合理区间时，套利交易者卖出价差，等待价差回落；而当价差低于合理区间时，套利交易者买入价差，等待价差上升从而获利。期货市场最常见的套利策略有三种：一是期货跨期套利，是期货同品种不同到期月份合约之间的套利，套利交易者会买（卖）近月份合约，卖（买）同等数量远月份合约。二是期货跨品种套利，是不同期货品种之间的套利，至少涉及两个期货品种，并且涉及的不同期货品种之间要具有较为稳定的相关性。套利交易的实现方式是投资者买一个品种合约，卖另外一个品种合约。比如套利者做空螺纹钢期货，同时做多铁矿石期货，铁矿石和螺纹钢属于上下游关系，铁矿石是生产螺纹钢的主要生产原料，占螺纹钢生产成本的比例较高，因此铁矿石价格和螺纹钢价格高度相关。三是期现基差套利，是期货和其标的现货之间的套利交易，基本原理是期货价格到期会收敛到现货价格。比如当投资者认为国债期现基差过大时会卖出债券并买入期货，当基差过小时，则会进行相反操作。

套利者交易的产品之间必须具有稳定的相关性，相关性保证了两种金融产品的价格变化存在较为稳定的关系，因此价差会维持在一个合理区间。按照相关性的来源，套利交易又可以分为统计套利和基本面套利。统计套利基于统计模型寻找套利机会。套利者使用历史数据统计分析相关指标的概率分布，比如套利者使用大数据分析发现 A 期货合约和 B 期货合约的价差基本围绕一个中枢变化，那么就会交易这两个产品之间的价差。而基本面套利则依靠基本面信息寻找套利机会，套利使用的产品之间需要具有经济学意义上的相关性，比如沪深 300ETF 和沪深 300 股指期货。

套利交易并非绝对低风险，统计套利更是存在数据过度挖掘的风险。一些金融资产之间虽然具有一定经济学意义上的相关性，但相关性在极端行情日期可能会消失。比如基于避险理论，投资者通常认为股票价格和债券价格呈一定负相关，因为当市场处于衰退期时，股价会下跌，投资者们会涌向风险水平较低的债券市场去购买债券，从而拉高了债券市场的价格。但是市场实际经验告诉我们，在金融危机时期，经常出现股票价格和债券价格同时下跌的情况。

⇒ 套期保值交易

套期保值交易的目的是对冲风险，以需要进行风险管理的金融资产为基础，对冲该金融资产价格波动的风险。通常包括买入套保和卖出套保，这里的"买入"和"卖出"是相对期货而言的，买入套保又称多头套保，是指通过买入期货（持有期货多头）对标的金融资产进行风险管理。炼油厂需要在1个月后买入原油，担心原油价格上涨导致成本增加，那么炼油厂可以买入原油期货（持有原油期货多头），提前锁定原油价格。如果1个月后原油价格上涨，其原油期货多头持仓收益可以补偿其增加的成本。

卖出套保又称空头套保，通过卖出期货（持有期货空头）对标的金融资产进行风险管理，比如投资者持有沪深300ETF，担心因股市下跌而出现亏损，投资者可以卖出股指期货（持有股指期货空头）来对冲风险。当股市下跌时，沪深300ETF持仓产生的亏损可以由沪深300股指期货空头的盈利来弥补，但当股市上涨时，沪深300ETF的盈利又会被沪深300股指期货的亏损抵销。最终，交易者的持仓组合的整体收益不受市场价格变化的影响。由于套期保值交易的目标是对冲价格波动的风险，因此在理想情况下，完全套保的持仓是无风险。三类交易者的特征如表6-4。

表 6-4　投机交易者、套利交易者和套期保值交易者特征

交易者类型	交易目的	风险特征
投机交易者	获利	风险较高
套利交易者	获利	低风险或无风险
套期保值交易者	风险管理	持仓整体无风险

虽然理论上我们可以对三类投资者进行分类，但是在实务中区分这三类投资者其实存在一定困难，一是因为一些投机策略和套利策略的界限较为模糊，因此有市场观点认为套利交易在广义上也属于投机交易。一些期现套利策略是对期货和现货的基差变化方向进行判断，比如投资者认为当前国债和国债期货的基差水平过低，未来基差至少可以上升至历史平均值，因此买入国债并卖出国债期货进行基差套利，但基差可能不会如期望一般上升，甚至可能进一步缩小，该持仓组合存在一定风险，不能说该交易策略是无风险或者是低风险的。二是在实务中，很少有交易者能够实现风险的完全对冲，受期现基差和套保比例计算方法的影响，套期保值者的持仓通常存在一定风险敞口，当留下的风险敞口较大时，一些市场观点可能会认为不能称这笔交易为套期保值交易。

（二）为何按交易目的区分投资者

在金融学界，研究者根据交易目的对投资者进行区分，是出于金融理论研究的需要，研究者通常感兴趣不同交易目的的投资者对市场流动性和波动有何影响。但是交易所和监管机构对于投资者进行区分主要是出于监管目的，这三类

投资者的交易行为不同，其面临的风险也不同，因此可以按照投资者类型采取差异化的监管措施，我国期货交易所对不同类型的投资者采取的差异化监管措施见表6-5。我国的期货交易所使用交易编码对投机交易者、套利交易者和套期保值交易者进行分类管理，交易者按交易目的申请交易编码，套期保值交易者使用套期保值交易编码交易，而套利交易者使用套利交易编码进行交易，投机交易者使用一般交易编码进行交易。

表6-5　交易所对不同类型投资者实施的差异化管理措施

差异化监管措施	投机交易者	套利交易者	套期保值交易者
交易编码	一般交易编码	套利交易编码	套期保值交易编码
持仓额度	正常交易额度	可以申请套利额度	可以申请套期保值额度
异常交易豁免	无豁免	无豁免	自成交、频繁报撤单和大额报撤单异常交易行为豁免
保证金	一般水平	可以设置较低的保证金水平	可以设置较低的保证金水平

资料来源：笔者根据境内期货交易所规则整理。

在持仓额度方面，交易所会给套利交易者和套期保值交易者更高的额度。具体来说，套利交易者可以申请套利额度，而套期保值交易者可以申请套期保值额度，大商所铁矿石期货一般月份的客户持仓限额为15000万手，套利交易者和套期保值交易者可以突破该持仓额度的限制。交易所之所以在持仓额度上对不同类型的投资者进行差异化管理，主要是权衡交易所风险管理和市场交易需求。交易所设置持仓限额主要是为了防范市场操纵风险和逼仓风险，因为如果某个投资者的持仓规模较大，该投资者可能利用其持仓优势控制市场价格。

虽然可以防范逼仓和市场操纵，但是持仓限额限制了投资者持有的期货或期权合约规模，可能使其交易需求得不到充分满足。考虑到套利交易者和套期保值交易者整体持仓的风险较低，而且套期保值交易者使用衍生品主要是为了风险管理，进行逼仓的风险较低，所以交易所允许这两类投资者申请较高的持仓额度。

除了可以申请较高的持仓额度，套期保值交易者还享有异常交易豁免。我国境内的期货交易所均规定，套期保值交易产生的自成交、频繁报撤单、大额报撤单行为不构成异常交易行为。交易所限制大额报撤单和频繁报撤单主要是为了防止虚假申报操纵。但套期保值交易者由于动态风险管理的需求，需要频繁买卖以调整其期货或期权持仓，或者可能需要一次性大额建仓或平仓。比如套期保值交易者使用股指期货去管理其持有的一篮子股票的风险，当股票持仓发生变动时，套期保值交易者需要相应的调整期货持仓。考虑到套期保值交易者频繁报撤单和大额报撤单并非是为了操纵市场，而是出于合理的风险管理需求，交易所因此对套期保值交易者的自成交、频繁报撤单、大额报撤单不按照异常交易处理。

交易所还可能根据投资者类型对其保证金水平进行差异化管理。一般来说，套利交易和套期保值交易的总体风险敞口低于投机交易的风险敞口，因此一些交易所会适当降低套期保值交易者的保证金水平，比如大商所玉米期货就针对不同类型的投资者设置了不同的保证金水平，投机交易者的保证金比例为8%，而套期保值交易者的保证金比例为7%，低于投机交易者的保证金水平。

在实务中，交易所靠交易编码来识别不同类型交易者，这种做法属于依靠事前报备来识别交易者。事前报备会存在漏报的情况，比如一些从事套利或套期保值的交易者可能觉得一般交易编码下的持仓额度就可以满足其交易需要，没有必要特意去申请套利交易编码或套期保值交易编码。还可能存在多报的情况，比如某投资者虽然没有在进行套期保值交易，但是为了获得更多的持仓额度，以及获得交易所的异常交易豁免，该投资者申请了套期保值交易编码。虽然交易所可以要求申请了套利交易编码和套期保值交易编码的投资者报告其和套利或套期保值相关的现货交易情况，但是也不能保证交易所可以完全识别出这些没有在进行套利交易和套期保值交易的交易者，会存在一些漏网之鱼。

但是除了事前报备，实际上也没有更好的办法可以帮助交易所识别不同类型的投资者。虽然准确识别各类投资者是较为困难的工作，但从风险控制和服务市场的角度看，交易所也不应该放弃识别投机交易者、套期保值交易者和套利交易者，按投资者类型对其分类管理有助于交易所精细化控制风险，对于风险较低的投资者类型，交易所可以适度放宽风控要求，将更多的精力用于管理高风险的投资者类型。

四

做市商

流动性是交易所最宝贵的资源，通常也是最难获得的资源，做市商制度是一项被全球金融市场广泛使用的用于提升市场流动性的制度。我国境内的证券交易所、银行间市场以及期货交易所均已引入了做市商制度。做市商是一类按照交易所规则和做市协议约定，为金融产品提供双边持续报价、回应报价等流动性服务的金融机构。

（一）交易所为什么需要做市商

2023 年 5 月，我国沪深证券市场的日均成交金额高达 9284 亿元，而我国股指期货日均成交金额高达 3085 亿元。一些投资者可能觉得成交量这么高的市场不需要做市商，但是交易量高并不意味着市场效率高。做市商可以为市场提供流动性，维持市场价格的连续性和稳定性。这是为何我国的证券交易所和期货市场都推出了做市商制度。

1. 为市场提供流动性

做市商制度可以显著改善市场流动性，尤其是对于虚值期权以及期货远月合约这种通常流动性较差的金融产品，因此交易所一般也是针对流动性较差的产品推出做市商制度。比如我国证券交易所上市的 ETF 期权和中金所上市的股指期权都有做市商，因为期权挂牌的合约太多，而市场流动性主要集中在实值近月合约，远月合约和虚值合约几乎没有交易量，因此需要做市商提供流动性。做市商对流动性的改善作用起效迅速，境内市场的典型例子是国债期货，中金所于 2019 年 5 月 16 日启动了国债期货做市商业务，国债期货的流动性明显提高，尤其以流动性较差的远月合约的流动性提升最为明显。中金所国债期货做市商制度推出 6 个月后[1]，10 年期、5 年期、2 年期国债期货远月合约[2] 日均最优买卖价差分别为 0.031 元、0.032 元、0.021 元，与做市业务开展前相比，分别降低了 86.3%、97.3%、97.4%。

2. 保证市场价格的连续性和稳定性

从改善市场质量的角度看，做市商制度增强了市场价格的连续性和稳定性，可以有效降低大额交易引起的价格大幅波动。当市场流动性不足时，中央限价指令簿上各个档位积累的订单量不多，因此很容易发生大额订单击穿指令簿引发价格大幅波动的情况。做市商制度推出后，交易所要求做市商在做市产品上履行报价义务，并规定了最小报单量。做市商考核方案中对报单质量（成交

---

[1] 测算时间区间为做市商制度推出前后 6 个月（2018 年 12 月—2019 年 11 月）。

[2] 远月合约指国债期货挂盘交易的最远月合约。

量、买卖价差、报单量）进行考核，促使做市商积极报价，有效降低了大额交易引发价格波动的风险。交易所对做市商有持续报价时间比例要求，要求做市商的做市时间覆盖大部分连续交易时段，市场的价格连续性因此得到改善。

3. 提升定价准确度和定价效率

我国证券市场的做市商主要是证券公司，而银行间债券市场和外汇市场的做市商主要是商业银行，这些金融机构具有较强的信息收集和处理能力，技术系统也较为先进，对市场价格的判断更加准确。对于一些流动性较差、交易稀疏的股票和衍生品合约而言，在没有做市商提供报价时，这些金融产品可能一天都没有交易，其他非专业投资者无法判断当前的市场价格。在推出做市商制度后，做市商有义务对这些金融产品提供双边报价，或是回应投资者的询价，投资者有了获取市场价格信息的途径，市场定价准确性和定价效率都得到了提升。

（二）做市商的义务

做市商的作用简单来说就是向市场提供成交机会，如果投资者希望卖出股票或衍生品，做市商则从其处买入；如果投资者希望买入股票或衍生品，做市商则向其卖出。但这只是对做市商义务的简单描述，而且做市商义务只是做市商制度的一部分，交易所的做市商制度由三部分构成，分别是做市商的义务、做市商的权利和做市商考核机制。这三项组成部分三位一体，缺一不可：做市商义务是做市商必须履行的工作，是交易所推出做市商制度的根本目的，而做市商权利是交易所给做市商的优惠和便利，是做市商愿意承担义务的原因，而做市商考核机制是对做市商履行义务情况的评价机制，通过做市商的评价机制，做市商之间可以良性竞争，交易所也可以淘汰那些没有按照做市协议完成义务的做市商，保持做市商机制的活力。

很多交易所会对做市商分级，对不同等级的做市商规定不同的权利和义务，实行差异化管理。比如上交所的上市基金做市商和中金所的国债期货做市商都分为主做市商和一般做市商。主做市商的准入、义务要求、评价都严于一般做市商，但是交易所给予主做市商的权利也更多。

做市商的基础义务是按照和交易所签订的做市协议的规定对双方约定的金融产品进行报价。除了该项基础任务外，交易所还可能要求做市商履行其他义务，比如参与挂盘基准价报价或是参与收盘集合竞价等。做市商的报价方式分为两种：一是持续报价；二是回应报价。有的市场要求做市商同时履行这两种报价义务，有的市场则只需要做市商履行其中一种报价义务。

交易所对做市商连续报价通常有 4 项要求，分别是：连续报价产品范围要求、有效持续报价时间比例要求、最小报单量（金额）要求、最大买卖价差要求。对于证券交易所，连续报价产品范围规定了做市商需要对哪些股票进行连续报价，而对于期货交易所，连续报价产品范围规定做市商报价的期货品种和期货合约月份，期货交易所会同时上市多个不同到期月份的合约，不同到期月份的合约中，远月合约的流动性较差，所以报价难度也较高。交易所可能会要求做市商对全部合约都进行报价，也可能要求做市商只需要对远月合约报价。需要报价的合约越多，意味着交易所对做市商的要求越严格。

有效持续报价时间比例要求是指做市商在做市合约上处于有效持续报价状态[①]的时间总和与连续竞价时间总和的比例，这个比例不能低于交易所在做市商

---

① 做市商的报价同时满足最大买卖价差要求和最小报单量要求时，才可以说做市商处于有效持续报价状态。

协议中规定的比例，交易所规定的比例越高，对做市商的要求就越高，比如交易所要求有效持续报价时间比例为 90%，即连续交易时段 90% 的时间里，做市商都要处于持续报价状态。

最小报单量（金额）要求是对做市商报出的买入报单量和卖出报单量的要求，做市商的买入报单量和卖出报单量至少要等于或大于交易所规定的最小报单量。最小报单量要求越高说明交易所对做市商的要求越严格，因此对于采用做市商分层管理的交易所，主做市商的最小报单量要求会大于一般做市商。

最大买卖价差要求是对做市商报价质量的要求。做市商有责任连续双边报价，并且不能随意报价，做市商买卖价差最大不能超过交易所规定的最大买卖价差要求。买卖价差是做市商做市的直接收益，因此最大买卖价差要求越小，做市商的做市难度就越大，尤其是对于一些流动性很差的合约。因此交易所在设置该要求时会考虑做市产品的市场流动性情况，分产品设置不同的最大买卖价差要求，比如期货近月合约一般是流动性最好的合约，所以最大买卖价差要求就可以设置得小一些，而期货远月合约以及虚值期权合约的流动性一般较差，交易所就会适当放松最大买卖价差要求。

对于做市商的回应报价义务，交易所对做市商还有最大回应时间和报价回应率要求，即要求做市商回应投资者询价的速度不能过慢，回应比例不能过低。

（三）做市商的权利

做市商的主要盈利模式是通过低买高卖赚取买卖价差。做市业务的盈利是金融机构申请成为交易所做市商的主要原因，但除了买卖价差收入外，由于做市商按照交易所的要求履行了义务，交易所会给予做市商一定权利，主要包括免收或减收交易手续费、较高的持仓限额和频繁报撤单豁免等。

⇒ 免收或减收交易手续费

理想情况下，做市商的持仓是相对平衡的，因做市业务而买入的股票或衍生品合约能很快地卖出，做市商可以赚取买卖价差作为收入，但在实际中，做市商会有做市底仓，买入的金融产品可能没办法立刻找到下一个买家，做市商因此需要承受一定市场价格变动的风险和资金占用成本，即做市业务不是无成本的。做市商的买卖价差收入可能无法完全补偿市场价格变动的风险和融资成本，因此需要交易所通过减免交易手续费的方式鼓励做市商做市。

在计算手续费减收幅度时，一些交易所会区分做市商的成交是主动成交还是被动成交。主动成交存在消耗流动性的可能性，减收幅度较低，而被动成交是提供流动性的行为，减收幅度较高。

⇒ 较高的持仓限额

交易所会给予做市商较高的持仓限额，主要原因是做市商在做市过程中会买入做市股票或者期货合约，产生一定规模的做市底仓。如果不给予做市商较高的持仓限额，会干扰其正常做市行为。

⇒ 频繁报撤单豁免

出于防范市场操纵风险的目的，交易所限制投资者的频繁报单和撤单行为。超过一定频率的报单和撤单会被交易所认定为异常交易，交易所会对有异常交易行为的投资者进行一定限制，比如限制其开仓等。但是对于做市商而言，频繁报撤单不是为了进行市场操纵，而是正常的做市行为，因此交易所会对做市商进行频繁报撤单的异常交易豁免，即做市商频繁进行交易指令的报送、撤销和修改不会被认定为异常交易行为。

（四）做市商考核制度

做市商考核制度的核心是考核指标，交易所进行做市商考核是为了评价做市商的义务完成情况，因此考核指标需要按照交易所做市商协议中规定的做市商义务来设定，通常有 4 类考核指标。

⇒ 成交量指标

第一类考核指标是成交量考核指标，该指标的计算基于做市商的成交量，衡量做市商的报价中有多少实际撮合成交。做市商成交量越大，该指标数值会越高。这个指标衡量做市商是否向市场提供可成交的报价，评价做市商实际向市场提供的流动性规模。

设置这个指标是为了鼓励做市商向市场提供真正可成交的价格。具体来说，虽然做市商义务中规定了做市商报价的最大买卖价差，但是交易所规定的最大买卖价差范围通常较宽，比如交易所可能规定一般做市商和主做市商在主力合约上进行双边报价的卖价与买价之差必须小于 10 个最小变动价位（Tick），但中央限价指令簿上的买卖价差可能仅在 1—2 个 tick 左右。由于做市商协议上规定的做市商义务较为宽松，因此可能出现的情况是，做市商报出的买卖价差较宽，没有投资者愿意以做市商报出的价格成交，即做市商的报价实际上并不是可成交的价格。在这种情况下，做市商没有起到向市场提供流动性的作用，但是其报价却符合交易所的要求。因此为了鼓励做市商提供真正可成交的价格，交易所在做市商的考核指标中设置了成交量指标，做市商成交量越大，说明做市商提供的可成交报价越多，该指标的打分就越高。

计算成交量指标时，交易所通常会区分主动成交和被动成交，被动成交的权重更高，即如果做市商成交中被动成交越多，则做市商得分越高。这是因为交易所认为被动成交是向市场提供流动性，而主动成交是在消耗市场流动性。至于如何定义被动成交和主动成交，不同交易所的定义方式不同。比如有的交易所认为通过市价指令和立即成交的限价指令成交都属于主动成交，即消耗市场流动性的行为；如果做市商的限价指令先在中央限价指令簿上停留了一段时间，然后被撮合成交则属于被动成交，属于向市场提供流动性的行为。有的交易所则不根据指令类型区分主动成交和被动成交，只要做市商的报单不是立即成交，就属于被动成交。

⇒ 报价价差指标

报价价差指标和做市商义务中的最大买卖价差要求对应，从另一个维度衡量做市商的报价质量。成交量指标衡量做市商报价中可以实际成交的部分，成交量越高说明报价质量越好，但是仅凭能否成交来评价做市商的报价质量会有一定疏漏。一些做市商的报价虽然没能成交，但是也达到了可成交的水平或者接近可成交水平，或者做市商报出的买卖价差已经优于市场其他投资者报出的买卖价差，不应该因为这些报价没有成交就认为做市商义务完成情况不好。报价价差指标就是为了正确评价这些做市商报价。举例来说，假设做市商给出的10年期国债期货主力合约的双边报价是102.005（买价）和102.015（卖价），即买卖价差为0.01元（2个tick），虽然该做市商的报价没有成交，但是此时市场上其他报价的买卖价差都明显大于2个tick，那么应该通过买卖价差指标给提供这样报价的做市商较高的打分。

各家交易所计算该指标的公式不同，但是该指标需要和买卖价差成反比，即买卖价差越小，该指标打分应该越高。

⇒ 报价深度指标

报价深度指标对应做市商最小报单量义务，交易所使用该指标评价做市商最小报单量义务的完成情况，做市商在考核期内的报单量越大，该指标数值越高。

⇒ 非常规指标

成交量指标、报价价差指标和报价深度指标是三个常规的做市商考核指标。除了常规考核指标，不同交易所可能会根据本市场特点设定一些非常规考核指标，比如一些价格波动较大的市场的交易所为了鼓励做市商在市场出现巨大波动时持续向市场提供流动性，会设置"临时做市义务完成情况指标"。通常当市场出现极端行情时，交易所出于保护做市商的目的，会免除做市商报价义务，但是如果此时做市商依然进行报价，为市场提供流动性，交易所会给这些做市商较高的考核分数。

（五）当做市商陷入两难境地

本节讨论做市商在做市过程中可能遇到的困难，主要讨论做市商在市场大幅波动时期以及在获得了内幕信息时应该如何做市。

1. 高波动时期如何做市？

波动对做市商既是盈利机会也是挑战。当市场的波动处于合理区间时，做市商通过在市场波动期间进行低买高卖，赚取买卖价差收入。但在市场出现极端波动的日期，做市商积累的做市底仓可能面临较大损失，并且做市商面临市场逆向选择[①]的风险。概括来说，做市商希望市场适当波动，但不要出现极端波动。虽然交易所一般会免除做市商在极端行情状态下的做市义务，比如境内的期货交易所都规定当报价合约的交易价格达到涨停或者跌停价格时，免除做市商在该合约上的报价义务。但当市场价格虽没有达到涨跌停板，但波动显著大于市场一般水平时，做市商依然有做市义务。做市商的通常做法包括：第一，使用衍生品进行底仓管理，以降低做市底仓风险；第二利用程序化交易手段快速报撤交易指令，降低旧交易指令停留在中央限价指令簿上的时间，避免被市场逆向选择。

2. 掌握有重大未公开信息和内幕信息时应该如何做市？

如前所述，交易所通常免除做市商在市场发生极端行情时的做市义务，但是当做市商拥有内幕信息时，交易所不会免除其做市义务。交易所的做市商管理办法要求做市商进行业务隔离，隔离做市业务和自营交易业务、投资银行业务等，以避免做市商团队获得未公开信息，但是这种规定不能完全杜绝金融机

---

① 在指令驱动市场，先停留在指令簿上的交易指令会与随后进入指令簿的新的交易指令撮合，在此期间可能有新的信息进入市场，使得旧交易指令以不利的市场价格成交，即造成了对停留在指令簿上的旧交易指令的逆向选择。

构的做市业务部门获得内幕信息①和重大未公开信息②的可能。那么当做市商获得了内幕信息或者重大未公开信息之后应该如何做市？如果做市商不履行做市义务，则是违反和交易所的做市协议，但是我国的《证券法》和《期货和衍生品法》又没有对做市商在拥有内幕信息的情况下做市给予豁免，即做市商的做市行为有可能构成内幕交易。监管机构是否应该给予做市商内幕交易豁免？或者交易所是否应该在做市商有可能获得内幕信息时给予其做市义务豁免？

从维护市场公平性的角度出发，监管机构和交易所不应该给予获得内幕信息的做市商内幕交易豁免和做市义务豁免。虽然不排除一些金融机构的做市商团队被动获得了内幕信息，但是如果给予做市商内幕交易豁免和做市义务豁免，这一豁免很容易被市场滥用，做市商团队可能会主动地获得内幕信息和重大未公开信息，以进行内幕交易或是规避做市义务，造成市场不公平。相反，如果监管机构和交易所对包括做市商在内的各类市场参与者给予相同的内幕交易监管规定，做市商为了避免有内幕交易的嫌疑，会努力建立完善的信息隔离机制，由此看出，一致性的监管规定有利于推动做市商完善信息隔离机制。

由于监管机构和交易所在做市商获得了内幕信息时不会给予其内幕交易和做市义务豁免，做市商在内幕信息被公开之前都应该暂时限制其做市行为。对于做市商是否应该在这阶段完全停止做市，不同市场的做法不同，一些市场允许做市商进行回应询价这样的被动做市行为。

---

① 《期货和衍生品法》第十四条 本法所称内幕信息，是指可能对期货交易或者衍生品交易的交易价格产生重大影响的尚未公开的信息。

② 重大未公开信息是指证券交易场所、证券公司、证券登记结算机构、证券服务机构和其他金融机构的从业人员、有关监管部门或者行业协会的工作人员，利用因职务便利获取的除了内幕信息以外的未公开的信息。

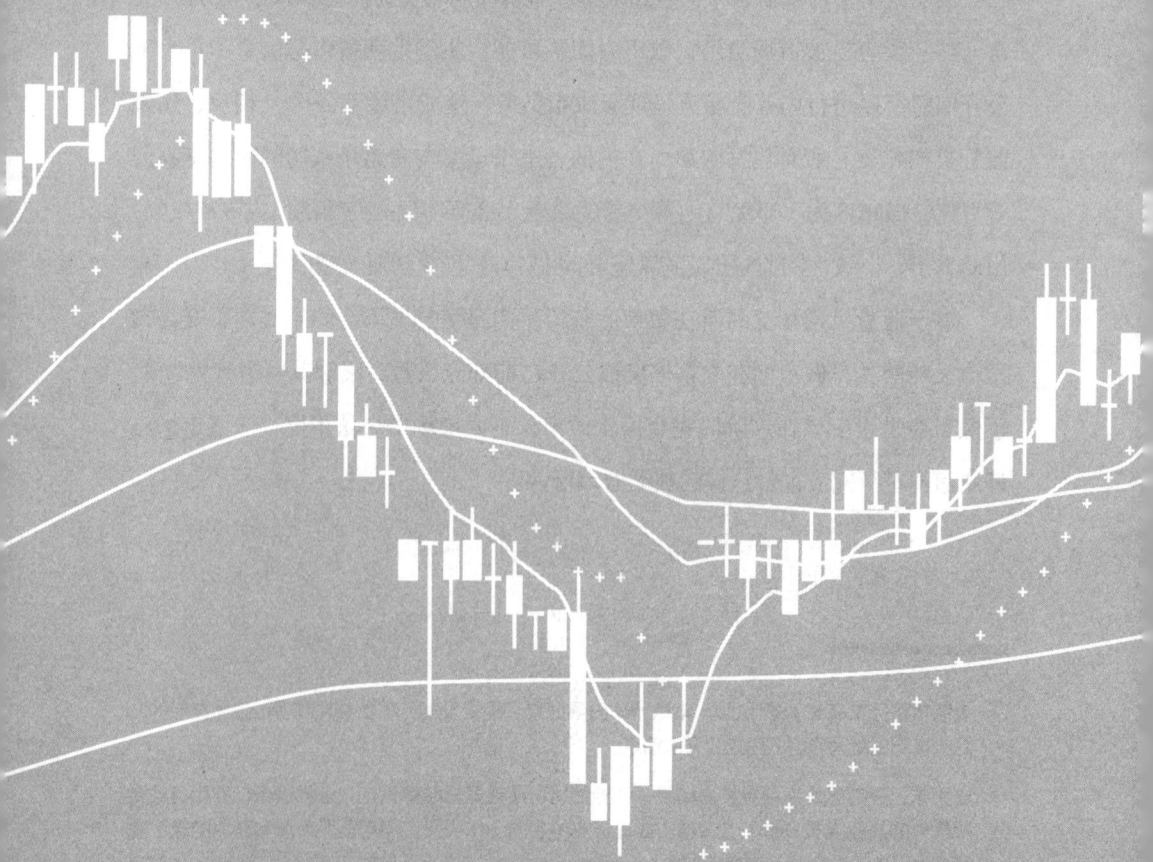

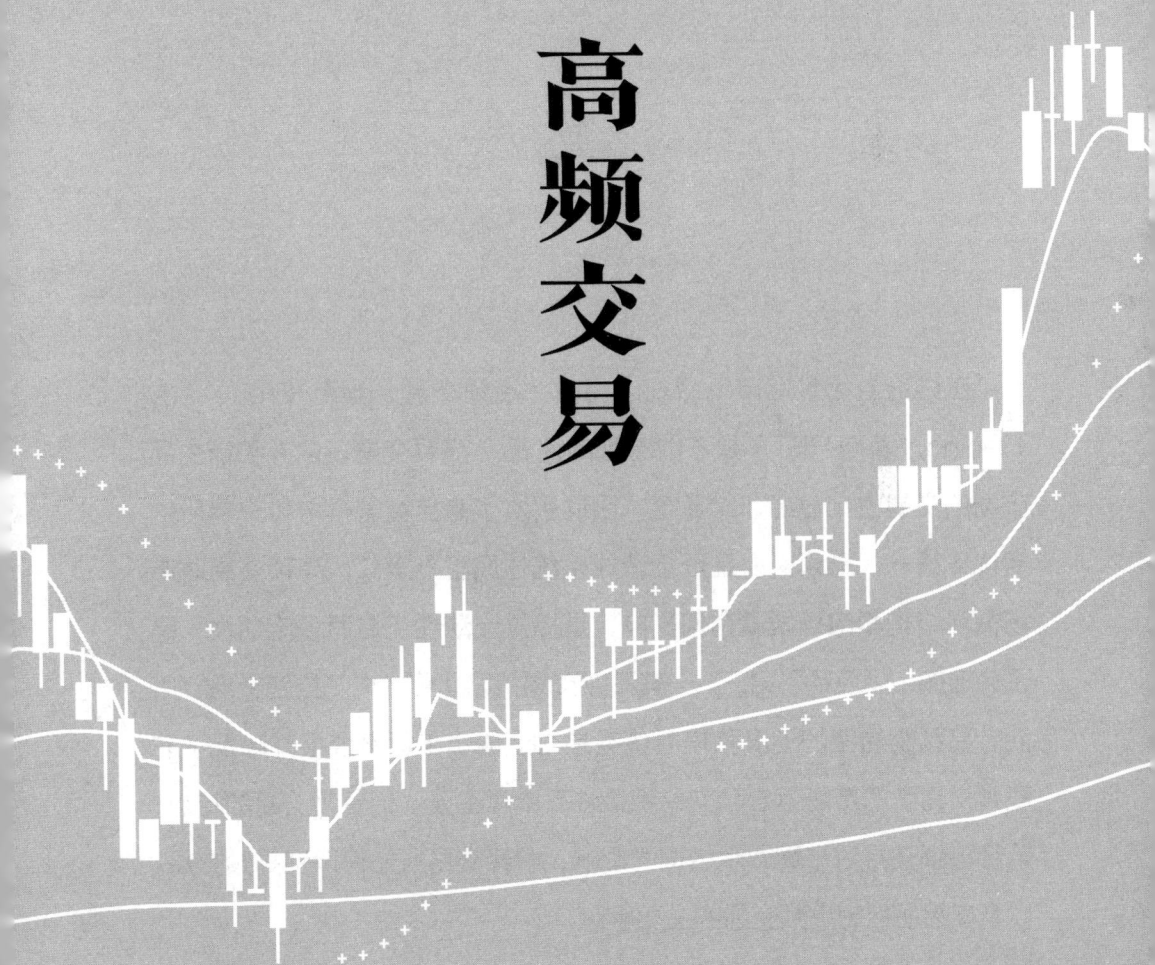

第七章

高频交易

在讨论当代金融市场微观结构时，高频交易（High-Frequency Trading，简称 HFT）是不能忽视的话题。高频交易在证券和衍生品市场的交易占比已经非常显著，因此引发了来自监管机构和交易所的担忧：第一，高频交易是否会造成系统性风险？第二，高频交易对市场微观结构和市场质量有何影响，是提供流动性还是消耗流动性？是否会增加市场波动？第三，一些高频交易策略是否构成了抢跑交易？第四，高频交易者的速度和信息优势是否造成了市场不公平并降低了非高频交易者的市场信心和交易积极性？本章主要介绍高频交易的特点，解释高频交易对市场微观结构的影响，解释交易所如何识别高频交易，以及交易所控制高频交易的主要手段。

一

定义高频交易

多年来，学术界和监管者都非常关注高频交易对金融市场的作用，定义高频交易是研究和监管高频交易的第一步，但是为高频交易下定义是一项非常难的工作。高频交易被认为是算法交易（Algorithm trading）的一种，但是如何区分高频交易和非高频的算法交易却存在很大讨论空间，因为随着信息技术的发展，高频交易的速度和高频交易者的行为方式都在持续进化中，10年前金融行业认为是"高频率"的交易速度，如今可能只是正常的自动化下单速度，所以目前我国金融市场尚没有对高频交易的官方定义。

（一）欧美监管者对高频交易的定义

金融行业的共识是，高频交易是算法交易的一种，算法交易的特征是其交易策略的执行依照预先设定的算法，并且通过电子交易系统自动下达订单，不需要人工的干预。但是算法交易并不都是"高频"的，比如一类常见的算法交易策略是确保大额交易可以在对市场价格造成最小影响的情况下成交，这种算法交易通常通过在一定时间段内将大额订单拆成小额订单的方式实现，从交易决策下达到完成全部交易的执行，可能会花费一天，并没有"高频"特征。由此可以看出，光定义高频交易是算法交易的一种，对于研究和监管高频交易是远远不够的。

美国商品期货交易委员会（CFTC）针对高频交易的监管工作小组在2012年曾经对高频交易下过一个非官方的定义，根据该定义，高频交易是一种使用以下手段的自动化交易：（1）无须人工干预，使用算法完成交易决策、交易指令发起和交易指令执行；（2）使用主机托管（Co-location）和在交易所附近设置主机等低延迟技术来缩短交易反应时间；（3）与市场建立高速连接以实现快速下单；（4）高信息量，即频繁下单、改单和撤单。在欧洲市场，欧盟的《金融工具市场指令 Ⅱ 》（*Markets in Financial Instruments Directive Ⅱ*，简称 *MIFID Ⅱ* ）将高频交易定义为：高频算法交易技术是一种具有以下特征的算法交易技术：（1）通过主机托管、在交易所附近架设主机或高速直连等技术降低延迟；（2）指令发起、生成、发送和执行都由系统完成，不经人工干预；（3）高信息量，即频繁下单、改单和撤单。虽然在具体文字表述上存在差异，但是欧美监管机构对高频交易的定义非常类似，说明欧美监管者对于高频交易的认知较为一致。CFTC 的定义距今已经超过10 年，MIFID Ⅱ在2014 年公布，距今也超过9 年，这两个定义或许有些"古老"，不能完全代表当前的高频交易，但是也可以帮助我们了解高频交易的一些基本特征。

（二）高频交易特征

从高频交易者的行为方式上看，高频交易是一类以程序化手段实现的算法交易，其主要行为方式是利用信息技术快速下单和成交。高频交易具有报单速度快、交易频率高、日终持仓小、持仓平衡、频繁报撤单、订单存续时间短等特点。可以用两个参数联合评价何为高频——交易的执行速度和持有时长。

交易执行速度是指从下达交易指令到完成交易的时间间隔，而持有时长是指交易达成后持有金融产品的时间。在这两个维度上可以划分出三类交易的频率区间。

图 7-1 显示，根据交易执行的时滞和持有期的长短，第一个交易频率区间是长期战略投资，从交易开始到完成交易的时滞最长，而一旦交易达成，投资者的持仓时间也最长；第二个区间是一般的电子化交易，通过交易所中央限价指令簿撮合达成的交易在此范畴，这类交易的成交速度快于长期战略投资，因为长期战略投资不追求交易速度，很可能会使用双边协商的方式达成交易，不一定会使用中央限价指令簿交易。第三个区间表示的是成交时滞短并且持有时间也短的高频交易。

决定交易频率区间的两个参数中的执行时滞主要和技术水平有关，随着信息技术的发展，交易的执行速度会不断加快。比如电子交易的出现就显著提高

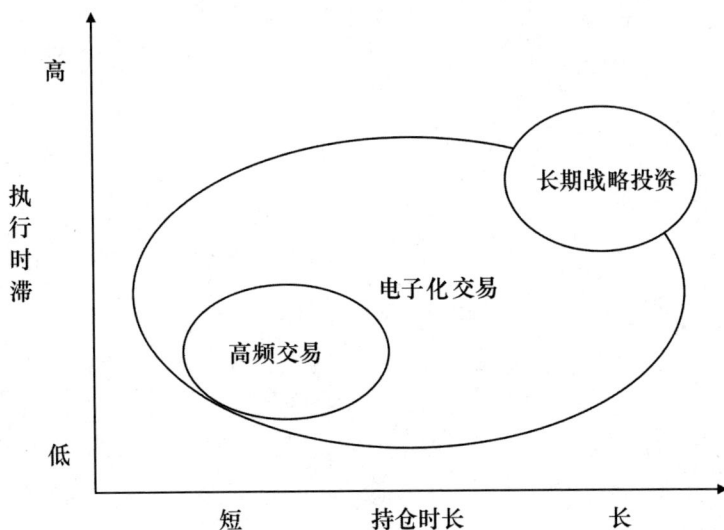

图 7-1 交易频率的三个区间

了现代金融市场的交易执行速度。成交时滞的缩短是科学技术发展的必然结果，但持仓时长却是由交易目的和投资者特征决定。具体来说，可以按持有时长将交易行为简单划分为三类：中长线投资行为、短线投资行为和高频交易行为。中长线投资和实体经济的生命周期联系最紧密，持有资产的时间最长。而短线投资行为的持仓时长通常以天或者周计算。高频交易是脱胎于算法交易的超短线投资行为。利用电子交易系统的算法交易已经明显快于传统战略投资和财务投资，但其交易频率不能和高频交易相比，算法交易的持仓时间相对较长，可能是数分钟、数天、数周，而高频交易持仓时间非常短，并在交易日收市前完成平仓。高频交易的另一个特点是缺乏对基本面信息的判断，准确来说，确实有小部分高频交易程序引入了市场基本面信息，但绝大部分高频交易程序并不对市场基本面进行分析。

二

经典高频交易策略

本节介绍的是一些经典的高频交易策略。由于高频交易技术的发展和监管机构加强对高频交易行为的监管，这些经典高频策略中的一部分已经是化石级的策略——曾经活跃，但是目前已经几乎消失，一部分甚至已经被认定为是市场操纵行为，被当前的法律和交易所规则所禁止。但是熟悉这些经典的交易策略有助于投资者理解高频交易的特征以及理解交易所监管高频交易的手段。

按照是提供流动性还是消耗流动性，高频交易策略可以分为被动型（Passive）策略和攻击型（Aggressive）策略。被动型策略可以向市场提供流动性，而攻击型策略则是主要消耗市场流动性。一些观点认为，攻击型高频交易策略应该是监管者和交易所关注的重点，因为被动型策略向市场提供流动性，可以对市场质量提升起到一定正面作用，而攻击型策略对金融市场没有正面作用。

（一）被动型策略

⇒ 套利策略（Arbitrage trading）

套利策略包括基本面套利和统计套利。基本面套利利用相同资产在不同市场的价差或是高相关性资产的价差进行套利，比如高频交易者可以利用在证券交易所交易的指数 ETF 和在期货交易所交易的股指期货进行套利。统计套利则是使用统计方法发现具有套利机会的资产。统计套利的风险大于基本面套利，基本面套利所选取的两个交易资产的价差必然收敛，而统计套利策略所交易的价差只是大概率会收敛，依然存在不收敛的可能性。套利策略被认为是一种被动型高频交易策略，在进行套利策略时，高频交易者主要使用限价指令达成交易，会起到一定向市场提供流动性的作用。

⇒ 做市策略（Market making）

做市策略是指高频交易者通过双边报价赚取买卖价差。在实施做市策略时，高频交易者使用限价指令进行双边报价，做市策略也是一种典型的向市场提供流动性的被动型策略。但是对于那些不是交易所做市商的高频交易者，其提供流动性的行为通常不稳定，当市场波动过大时，高频交易者会停止做市，还会迅速抛售做市策略积累的做市底仓，可能加剧市场波动。

（二）攻击型策略

⇒ 低延迟策略（Latency arbitrage）

在金融行业，延迟（Latency）是指发送指令到指令被执行之间的时滞，低延迟就意味着时滞很短。低延迟策略就是指高频交易者在获得了市场信息后，利用速度优势先于其他投资者下单。当市场上出现了一个更优的价格，由于高频交易者将其交易主机架设在离交易所主机非常近的地方，高频交易者可以先于其他投资者看到该价格，并抢在其他投资者之前下单与该价格成交。简单来说，低延迟策略就是一种抢跑交易。低延迟策略是典型的攻击型高频交易策略，会消耗市场的流动性，抢夺其他投资者的交易机会。虽然低延迟策略看上去非常可行，但是在实务中，使用低延迟策略的高频交易者已经越来越少，主要是因为高频交易者之间的技术竞争导致速度优势带来的收益已经低于其系统开发成本，并且一些交易所会对高频交易进行速度上的限制。

⇒ **流动性侦测策略（Lquidity detection）**

流动性侦测策略通过发现藏在中央指令簿中的大额订单来获利。高频交易者不断下达小额试探性的交易指令来侦测大额订单，如果高频交易者发现大额订单，高频交易者就会抢在大额订单被执行前成交，这样当大额订单被执行，会推动市场价格向有利于高频交易者的方向变动。这种策略最早被用于美国证券市场的暗池交易平台（Dark pool），暗池交易平台没有交易前透明度，因此投资者无法看到市场上的报单量和报价信息，高频交易者如果可以探测到指令簿上有尚未执行的大额订单，就会先建仓，并等待大额订单引发市场价格变动。比如高频交易者可能侦测到指令簿上有一笔大额买入指令，如果该买入指令被执行，将拉动市场价格上涨，高频交易者因此会提前建立多头持仓，等待大额买入指令被执行，高频交易者再平仓获利。该策略在目前的全球监管环境下较难实施和获利，一是全球大部分地区的交易所都有交易前透明度的强制要求，即报价和报单量会展示在中央限价指令簿上；二是交易所按信息量收取申报费，大幅提高了高频交易者频繁下达试探交易指令的成本。但是需要额外说明的是，虽然我国境内交易所市场具有较高的交易前透明度，但是由于境内期货交易所发布的是切片行情（Snapshot）[①]，因此流动性侦测策略依然有一定实施空间。具体来说，切片行情是对逐笔行情数据某一个时刻的快照，因为是以快照方式发布行情，在交易所发布的两次行情快照中间存在未能披露的报价和成交。因此，在行情发布的间隙，高频交易者可以用流动性侦测策略发现未被交易所披露的报单数据。

⇒ 动量引燃策略（Momentum ignition）

动量引燃策略是一种市场操纵行为。在我国，动量引燃策略属于"虚假申报操纵"，被法律和交易所规则明确禁止。动量引燃策略的典型做法是高频交易者先建立持仓（可能是多头也可能是空头），然后下达一系列交易指令，引发其他投资者跟风交易，从而推高市场价格或者拉低市场价格，高频交易者再在有利的价格平仓。由于动量引燃策略的一度流行，市场监管者发现了虚假申报（Spoofing）这种市场操纵行为，从而开始对其采取监管措施，目前交易所会监控投资者的频繁报、撤单，就是为了识别这种市场操纵行为。

---

① 关于切片数据的详细说明见本书第九章第二节"信息披露的内容和频率"。

三

高频交易对市场微观结构的影响

不论是境外市场还是境内市场，在金融市场出现异常波动时，高频交易最易成为争论的焦点。监管者和学术界对高频交易影响的讨论主要集中在高频交易对价格发现效率、流动性、交易成本、市场波动的影响。但是学术界对于高频交易的影响是正面还是负面尚没有定论，研究者使用不同的评估模型、在不同的时期、针对不同的产品对高频交易影响进行的实证研究得出的结论可能是截然不同的。概括而言，现有的研究无法对高频交易的影响是正面还是负面做出最终判断，因此各国金融市场监管机构对高频交易多采取中性的监管态度，不过度抑制也不鼓励。

⇒ 对价格发现作用的影响

认为高频交易对价格发现有正面作用的研究者一般有两类观点：一是从行为金融学角度出发，认为高频交易者是更为理性的投资者，相比一般投资者掌握的信息更多，其投资决策能充分反映最新市场信息，其高频率的报价和成交可以提高金融市场的价格发现速度。二是认为高频交易策略中的套利策略可以促进不合理的价差快速收敛，有利于价格发现。但也有观点认为高频交易会降低价格发现效率，因为高频交易的部分决策信息是无用的市场噪音，高频交易者会基于这些市场噪音过度交易，反而会降低价格发现效率。

⇒ 对市场流动性的影响

如同在上一节讨论的，高频交易策略可以被分为被动型策略和攻击型策略，做市策略和套利策略等被动型策略被认为可以向市场提供流动性。但也有研究质疑高频交易者提供流动性的能力，因为高频交易者不会像做市商一样为市场提供持续且稳定的流动性，因此其能否提高市场流动性尚不能定论。在市场出现极端行情时，高频交易商将停止为市场提供流动性，反而会开始消耗流动性。一些研究发现高频交易者在不同市场时期对流动性的贡献是不一样的，买卖价差较大时，流动性相对较贵，高频交易者会向市场提供流动性，而在流动性较便宜时，即买卖价差较小时，高频交易者提供报价的行为会减少，会消耗流动性。

⇒ 对交易成本的影响

学术界的另一个重点研究领域是高频交易对交易成本的影响，主要是对买卖价差、交易滑点[①]等隐性市场成本的影响。一种观点认为高频交易者可以降低交易成本，因为高频交易者向市场提供流动性的行为以及进行套利交易的行为都可以缩小买卖价差。但也有研究认为高频交易增加了其他交易者的交易成本，因为高频交易者为了能够在指令簿上"插队"，会报出更优的限价指令抢先于非高频交易的限价指令成交，非高频交易者的限价指令要想成交就必须报出

---

① 交易滑点，英文为 slippage，是指交易者下单时的价格和其最后实际成交价格不一样的现象。

比高频交易者更优的价格，因而增加了非高频机构投资者和个人投资者的交易成本。

⇒ 对市场波动率的影响

高频交易被认为和多起金融市场风险事件关联，比如 2010 年 5 月 6 日的"美国股指闪电崩盘"和 2014 年 10 月 15 日"美国国债闪崩事件"，因此监管者和交易所格外关注高频交易对市场波动的影响，特别是极端市场情况下高频交易对于市场波动的影响。

高频交易策略中的被动型策略会向市场提供流动性，市场流动性的提升可以降低市场波动，并且高频策略中的套利策略有时会进行市场反向交易，即在市场下跌时买入资产，上涨时卖出资产，因此有一定平抑市场波动的作用。但是也有反对意见提出，高频交易降低市场波动的结论通常是在正常市场条件下得到的，高频交易降低价格波动的作用在极端市场行情出现时或不能成立，当市场波动上升时，高频交易者会选择退出市场，并抛售资产，因此会进一步加剧市场波动。

⇒ 高频交易与市场闪崩

市场对高频交易的批评一部分来自高频交易经常与市场闪崩联系在一起。2010 年 5 月 6 日，美国股票市场指数、股指期货、股指期权、ETF 等在 30 分钟内突然大幅下跌 5% 以上，然后又快速反弹，市场称这次事件为"闪电崩盘（Flash crash）"。这次事件引发了对高频交易是否会造成系统性风险的担忧。

"闪电崩盘"事件发生后，美国商品期货交易委员会（CFTC）和证券交易委员会（SEC）对高频交易在闪电崩盘事件中的作用进行了深入研究，研究的结论之一是高频交易者的行为虽然未直接触发闪电崩盘，但在非高频交易者引发了市场闪崩后，高频交易者消耗流动性的行为放大了市场的价格冲击。研究样本是迷你 S&P 500 股指期货市场，研究发现 2010 年 5 月 6 日下午 2∶30 后，一些非高频交易者出于对欧洲主权债务危机事件的担心而大额卖出股指期货，一些采用做市策略的高频交易者承受了该阶段最初的卖压，即在卖压出现的初期，高频交易者为市场提供了流动性。但由于高频交易者持仓时间较短，因此在积累了多头持仓的几分钟后，高频交易者开始卖出持仓，在这一阶段，高频交易者不再是流动性的提供者而开始消耗流动性，在短时间内放大了非高频交易者卖出行为带来的价格冲击。研究认为，高频交易者较高的交易量会给市场带来流动性较好的错觉，因为对市场流动性水平的错误判断，一些投资者加大卖出规模，高频交易者先是作为流动性提供者买入了这些持仓，但由于高频交易者不会长时间保持头寸，在持仓积累到一定规模后，高频交易者会迅速反向卖出，此时高频交易者会消耗流动性，增加市场的脆弱性。

其实不难解释为何针对高频交易的研究难以得出一致性结论。第一，因为高频交易策略有很多种，不同策略可能对市场造成不同的影响。做市策略等被动型高频交易策略可能向市场提供流动性，但是流动性侦测这种攻击型高频交易策略可能消耗市场流动性。第二，即使是同一种高频交易策略，在不同市场时期会有不同的行为特征，也会对市场微观结构造成不同的影响，比如在市场正常波动时期，做市策略的高频交易者愿意赚取波动带来的价差，会积极地为市场提供流动性，但是当市场进入极端波动时期，高频交易者可能觉得做市底仓风险过大，会开始抛售做市底仓，由提供流动性转为消耗市场流动性，并加大市场波动。

四

高频交易和市场公平性

　　除了上述对市场微观结构的影响，另一个金融行业的热点问题是高频交易对市场公平性的影响。高频交易的支持者认为高频交易是行业发展趋势，并未造成市场不公平，不应该限制其发展。而反对高频交易的观点认为高频交易者相比普通投资者具有速度和技术优势，造成了市场不公平，交易所因此有必要对高频交易者进行限制以消除或降低这种不公平。

　　交易所和监管机构格外关注该问题，不同国家和地区的监管机构对该问题的不同态度导致不同交易所对高频交易采取不同的监管方案，如果一个市场的监管者认为高频交易会加剧市场不公，那么则会对高频交易采取限制性的监管措施。与之相对，如果监管者认为高频交易没有加剧市场不公，则不会对高频交易进行限制。

　　支持高频交易未造成市场不公的典型观点从金融市场公平性的定义出发，认为金融市场的公平应该是指程序和规则应用上的平等，因此如果高频交易者应用其技术符合现有法律规定和交易所规则，那么就没有造成市场的不公平。持这类观点的研究者认为，金融市场的"公平性"不应该从利润分配角度进行讨论，即金融市场的"公平性"不应该表现为平等的利润分配。利润分配的不平等是金融市场的固然属性，一些投资者天然就拥有比其他投资者更多的资源，拥有天然的竞争优势，其盈利自然会超过其他投资者，要求所有投资者获得相同的利润（或损失）是不合理的。举例来说，高频交易者会购买交易所的主机托管服务（Co-location），将自己的交易主机存放在交易所的数据中心，以达到缩短交易执行速度的目的。通过主机托管服务，高频交易者相对那些没有使用主机托管服务的投资者具有了速度优势。但这并不意味着高频交易造成了市场不公平，因为在某种程度上，任何投资者都可以购买交易所的主机托管服务。因此当交易所对所有投资者都平等地适用交易规则，并且采用统一的标准对各类投资者进行监管时，高频交易者就没有造成市场的不公平。

认为高频交易会造成市场不公平的研究者和投资者认为高频交易至少在三个方面加剧了市场的不公：一是高频交易者可以购买交易所的主机托管服务和交易直连服务，因此可以比其他投资者更早获得交易所实时行情信息，这种信息优势会造成市场不公平。二是高频交易者可以利用技术优势频繁报单和撤单，干扰正常价格信号，诱导其他投资者跟进，使一般投资者买入价格更高、卖出价格更低，利益受到损害。而对于交易所而言，高频交易者向交易所发送大量交易指令的行为，造成交易所主机负载过重而出现订单延迟，阻碍正常交易指令撮合。三是高频交易者之间的装备竞争会造成"胜者恒强，弱者恒弱"的局面。具体来说，高频交易者之间为了获得微小的速度优势而在交易设备上增加资金投入，但小型机构投资者在交易设备上的投入无法和大型机构相比，因此其投资无法得到相匹配的回报，反而制约了其在其他业务领域上的投资和发展。

五

识别和监管高频交易

长久以来，全球的交易所都面临同一个艰难选择——是否应该抑制高频交易。虽然目前大部分市场的监管机构和交易所对高频交易都采取较为中性的监管观点，即不默认高频交易会对市场造成负面影响，也不主动鼓励高频交易行为。但是不可否认的是，高频交易有频繁报撤单的行为，造成了对交易所交易系统的过度使用，增加了交易系统负担，因此监管机构普遍支持交易所提前识别高频交易者，并使用经济手段增加高频交易的成本，以抑制高频交易可能的负面影响和潜在风险。比如德国《高频交易法》(*High Frequency Trading Act*) 在2013 年 5 月生效，该法案针对高频交易行为施加了三项规定：第一，高频交易者必须获得牌照；第二，引入了"报单／成交比 (Order-to-Trade Ratio, 简称 OTR)"概念，如果投资者的 OTR 超过规定的比例则会被罚款；第三，要求投资者在报单时必须将所有由算法触发的报单打上标签。本节将讨论交易所如何识别高频交易以及如何通过经济手段监管高频交易。

（一）识别高频交易

识别高频交易者通常是交易所监管高频交易的第一步，但通常也是最难的一步。识别高频交易者有两个方法：方法一是依据交易者前期主动报告进行事前识别。德国的《高频交易法》要求交易者在下单时对由算法触发的报单打上标签，以便交易所识别哪些是程序化下单，我国的《证券法》和《期货和衍生品法》也都要求程序化交易者向交易所报告。在实务中，境内的证券交易所和期货交易所要求程序化交易者向交易所的监查部门提前报备，交易所数据库会对这些交易者的报单进行标注。方法二是依据交易者的交易行为模式进行事后识别。学术研究通常通过行为模式来判断高频交易者，因为打上了程序化交易标签的交易数据是敏感的交易数据，涉及客户信息，交易所通常不会对市场公布，因此学术界的研究人员无法获取这类数据，交易所在使用这些数据时也非常谨慎。不仅是研究者，交易所也会基于交易行为模式来识别高频交易者，比如交易所可能根据交易者的报单速度和报单频率来判断高频交易者。

两种识别方法都不完美，都不能精确识别所有高频交易者。通过行为模式识别高频交易者主要有三个缺陷：第一，识别标准很难确定。高频交易技术在不断进化中，高频交易者识别标准可能会很快落后于市场，比如交易所可能以每秒报单量作为判断标准，比如认为每秒报单量大于一定数值的投资者是高频交易者。但是，随着市场下单速度的整体提升，一般程序化交易者的下单速度也可能会达到交易所识别高频交易的标准。第二，以行为模式作为识别方法不具有一致性。具体来说，如果按照行为模式进行识别，每天的高频交易者可能是不同的。如果某投资者在第一天的交易行为符合交易所预设的高频交易者行为特征，交易所会在这一天将该投资者认定为高频交易者，如果该名投资者在第二天没有这类行为，那么则不会被认定为高频交易者。第三，按交易模式识别高频交易者只能事后识别。交易所有在事前识别高频交易者的需求，而通过交易行为进行识别意味着，交易所只有在行为发生后才能知道投资者是否是高频交易者，因此无法对高频交易者进行事前监管。

通过交易者的事前报备来识别高频交易者的方法在确认高频交易者方面更有一致性，但是可能会无法识别所有的高频交易者，因为该识别方式依靠交易者的主动报告，不主动向交易所报告的高频交易者无法通过该方法被识别。除了漏报，还存在"过度"报告的现象，一些交易者即使没有典型的高频交易行为，但是出于合规和谨慎性原因，也会向交易所申报为程序化交易者。为了尽可能准确地识别高频交易者，交易所和监管机构通常同时采用两种方式来识别高频交易者，以服务于不同的监管目的。当交易所希望对高频交易进行事前监控时，会根据事前报备的程序化交易者标签来判断高频交易者，而当交易所希望在事后分析高频交易的潜在影响时，比如分析市场暴跌时期高频交易者的作用时，则会基于行为模式来识别高频交易者。

（二）监管高频交易的经济手段

交易所监管高频交易的手段主要有三类：一是对重点交易者群体的监管，即要求投资者进行程序化交易报备，交易所会对报备的程序化交易者的交易行为进行监控。二是技术手段限制，包括限制高频交易者交易账户的流量和交易行情发送频率，降低高频交易者在技术和速度上的优势。三是经济手段限制，提高高频交易者的交易成本。

概括而言，高频交易者每笔交易赚取的利润非常微薄，但是由于高频交易者每天的交易规模很大，因此汇总起来的收益也相当可观。因为每笔交易的盈利幅度较小，所以高频交易者对交易手续费等显性成本和买卖价差等隐性成本较为敏感。基于高频交易者具有对成本敏感这一特征，目前全球的监管趋势是不对高频交易进行过多的行政限制和技术限制，而是通过经济手段提高高频交易成本，从而抑制高频交易规模。常用的经济手段包括按照信息量收取申报费和提高最小变动价位。

1. 按照信息量收费以增加高频交易成本

按照信息量收取费用是目前境内外交易所管理高频交易者的主要经济手段，境内商品期货交易所将按信息量收取的费用称为"申报费"。高频交易的基本特征是频繁向交易所电子交易系统发送交易指令，这些指令增加了交易所系统的负荷，因此欧美交易所以及我国境内的商品期货交易所开始对这些过量报单收费，以经济手段促进投资者实施更为负责和理性的下单行为。这种收费制度的基础逻辑是对投资者收取系统过度使用费，由于这种收费制度以"信息量（Messaging）"为指标来度量市场参与者对交易所系统资源的消耗程度，所以在我国市场，这种收费制度被称为"按信息量收取申报费"。按信息量收费不同于按成交收取交易手续费，收取交易手续费意味着交易所对投资者的每一笔成交收取一定费用，而申报费的基础不是成交，是投资者向交易所系统发送的各类交易信息，包括报单、撤单、改单或者其他复杂指令。

可能有读者质疑交易所收取信息量费的合理性，为什么需要对未生效的交易指令和未撮合成交的交易指令收费？实际上，即使投资者的交易指令没能撮合成交，但投资者向交易所发送指令，交易所需要接收这些指令并进行处理，这些交易指令已经实际使用了交易系统的资源，所以投资者需要向交易所支付费用。

虽然信息量收费制度对所有投资者都适用，即所有类型的投资者在达到交易所信息量收费标准后都需要支付申报费，但是实质上主要影响高频交易者。因为申报费一般采用超限梯度费率，即当投资者的信息量超过一定标准后才会开始收取申报费，并且随着信息量的规模逐渐升高，费率逐渐升高。非高频交易者的信息量规模一般不会触及交易所收费门槛，以上期能源的原油期货申报费收费标准为例，如表 7-1 所示，当投资者的每日信息量在 4000 笔以上时才需要支付申报费，并且收费金额逐级提高，当信息量大于 40001 笔时，申报费最高可为每笔 80 元。申报费和交易手续费一样在日终结算时收取，因此信息量的统计区间是一个交易日，由此可以看出，只有当投资者每日的下单笔数和撤单笔数大于 4000 笔时，才会达到申报费收费门槛，这个规模的信息量需要程序化下单才能实现，一般投资者手工下单通常无法达到该标准。因此，通过超限梯度费率，交易所可以更有针对性地控制高频交易行为，按信息量收取申报费对非高频交易者的影响很小。

表 7-1　上海国际能源交易中心原油期货申报费收费标准

报单成交比 OTR[注1]	OTR ≤ 2	OTR>2
1 笔 ≤ 信息量[注2] ≤ 4000 笔	0	0
4001 笔 ≤ 信息量 ≤ 8000 笔	0.25 元 / 笔	0.5 元 / 笔
8001 笔 ≤ 信息量 ≤ 40000 笔	2 元 / 笔	4 元 / 笔
40001 笔 ≤ 信息量	40 元 / 笔	80 元 / 笔

注 1：报单成交比（OTR）= 信息量 / 有成交下单笔数 −1;
注 2：信息量 = 下单笔数 + 撤单笔数。
资料来源：上海国际能源交易中心官网。

　　交易所会对投资者成交的交易指令收取交易手续费，那么再次对交易指令按信息量收取是否构成重复收费呢？交易所其实也考虑到了重复收费的问题，因此在收取申报费时除了以信息量为依据，还会计算报单成交比（Order-to-Trade Ratio，简称 OTR），即考虑交易指令中撮合成交的部分。OTR 与成交量成反比，成交量增加，OTR 降低，OTR 较低的投资者需要支付的申报费的费率较低。以原油期货为例，当投资者的信息量为 5000 笔时，如果 OTR 小于等于 2，那么申报费的费率是每笔 0.25 元，如果 OTR 大于 2，申报费的费率则上升到 0.5 元，因此可以看出，交易所希望通过 OTR 来减轻对成交的交易指令重复收取交易费手续费和申报费的问题

2. 提高最小变动价位增加高频交易隐性交易成本

高频交易者的成本由显性成本和隐性成本构成，交易手续费和信息量收费是显性成本，买卖价差是交易的隐性成本。直接影响买卖价差的就是最小变动价位，因此交易所设置较高的最小变动价格可以增加高频交易者的交易插队成本，从而抑制高频交易行为。过小的最小变动价位会给交易插队提供便利，使得时间优先原则丧失意义，具体来说，交易所的中央限价指令簿一般按照"价格优先、时间优先"的原则撮合交易指令，后来的高频交易者可以通过提供更好的报价使自己的报单插到先来的交易者之前。较大的最小变动价位意味着高频交易者必须提供更大的价格变动才能实现其插队目标，增加其交易成本，从而抑制插队行为，因此提高最小变动价位可以在一定程度上限制利用速度优势进行插队的高频交易行为。

3. 为什么不推荐通过提高交易手续费来抑制高频交易

高频交易者对交易成本较为敏感，因此可能有读者认为提高交易手续费可以有效抑制高频交易。虽然我国交易所会以提高交易手续费为手段来降低市场交易热度，但是提高交易手续费并不是最有效的抑制高频交易的手段。之所以不推荐以这种方式控制高频交易，主要有两个原因：一是因为提高交易手续费会无差别地抬高全市场的交易成本，对高频交易者并没有针对性，而按信息量

收费对高频交易者针对性更强，对非高频交易者的影响较小，因为非高频交易者的信息量通常不会达到收费门槛。 二是在目前低交易手续费的环境下，交易手续费在交易总成本中的占比较低。 全球的交易所都在通过降低交易手续费来减少交易成本，交易手续费占投资者交易成本的比例已经较低，比如我国 10 年期国债期货交易手续费为 3 元 / 手，而 10 年期国债期货的最优买卖价差一般维持在 0.005 元，即买卖价差成本为 50 元 / 手，交易手续费成本仅为买卖价差成本的 6%。 当交易手续费远低于买卖价差等隐性交易成本时，提高交易手续费并不能起到长期抑制高频交易的目的。

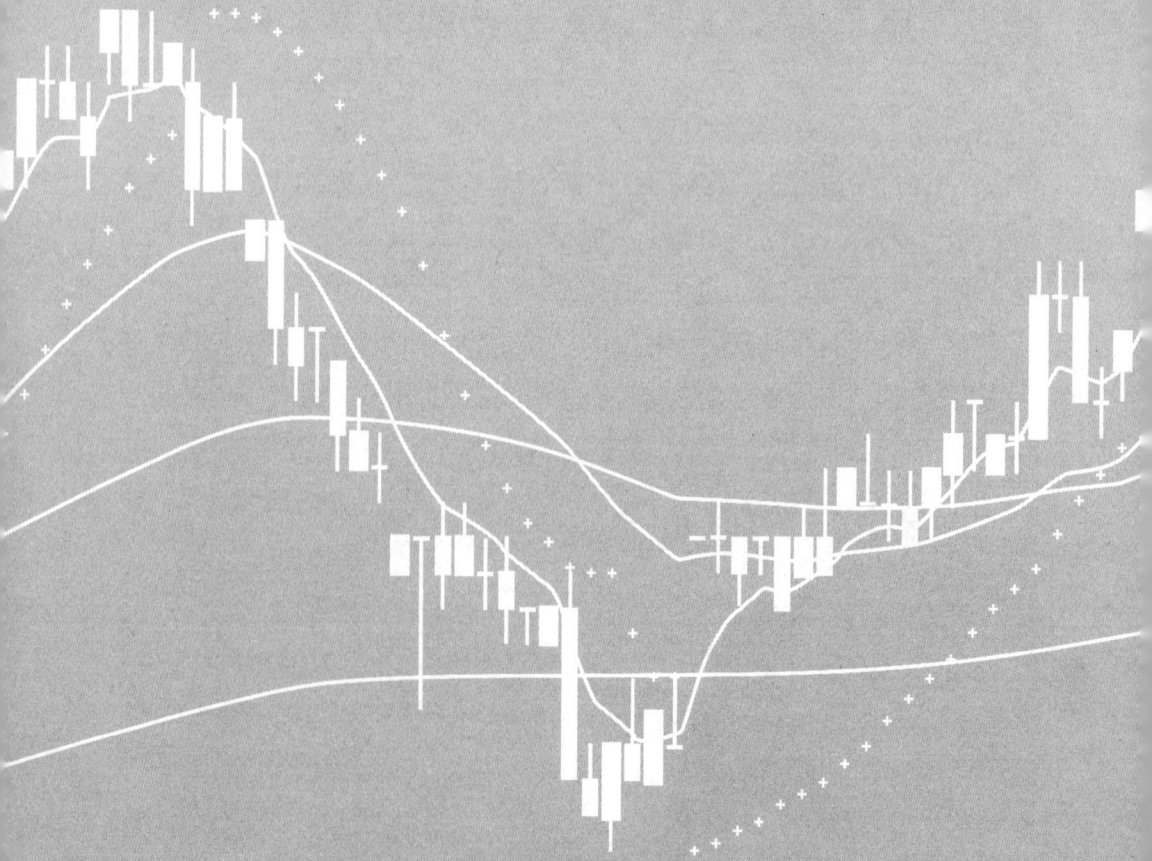

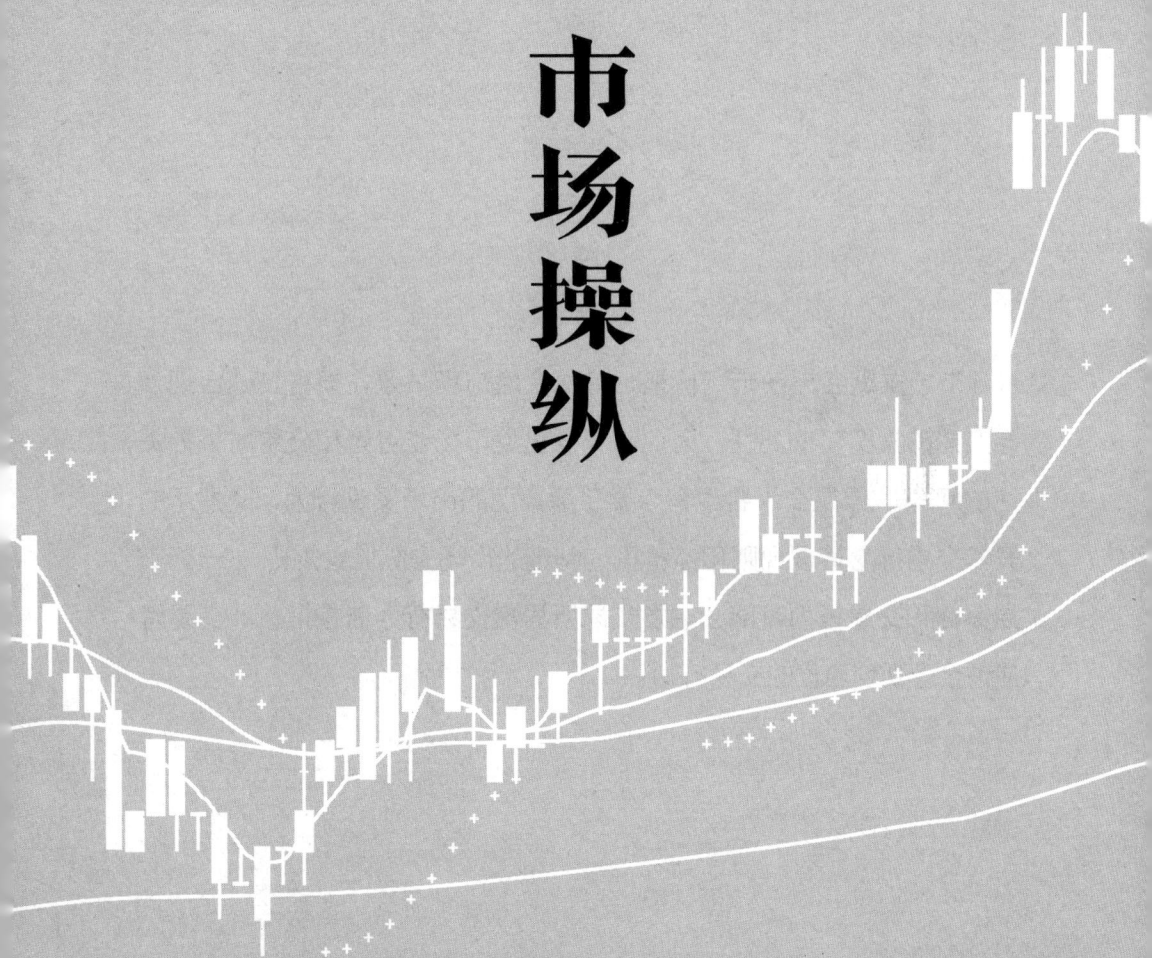

第八章

市场操纵

市场操纵会扭曲市场价格，造成金融市场失效，损害其他合规参与交易的投资者的利益，因此市场操纵是市场监管者和交易所格外关注的问题。但是交易者也有必要了解典型的市场操纵行为、交易所的异常交易行为管理规则和监管机构制定的市场操纵监管规则。一些交易策略和交易行为可能会触发交易所异常交易行为监控指标，交易者应该合理规划自己的交易行为。

常见市场操纵行为

（一）我国法律规定的市场操纵行为

市场操纵是一个法律上的概念，因此金融市场监管机构在监管市场操纵行为时，必须要以法律为依据，换句话说，监管机构不能监管未在我国法律法规中明确的市场操纵行为。因此本章首先梳理我国法律中列出的市场操纵类型。我国相关法律规定的市场操纵行为见表8-1，主要包括连续交易操纵、约定交易操纵、洗售操纵、蛊惑交易操纵、利用信息操纵、虚假申报操纵、期货逼仓等。由于金融市场发展速度较快，立法机关和行政执法机关对于金融市场的市场操纵行为的认识是有局限的，任何市场的监管规则都不能穷尽所有的市场操纵行为。

连续交易操纵是指以大笔申报、连续申报、密集申报或者明显偏离证券或衍生品合约真实价格的申报，连续买卖证券或衍生品合约，期间证券或衍生品合约价格明显上涨（下跌），或者成交量明显变化。这种市场操纵行为的获利模式是拉高（或拉低）市场价格，然后在其他投资者跟着买进（或卖出）时，市场操纵者趁机卖出（或买入）。前文提到的冲击收盘价（Banging the Closing）可以被看作连续交易操纵的一种。

表 8-1　境内法律定义的市场操纵行为

法律依据 市场操纵类型	《刑法》	《证券法》	《期货和衍生品法》
连续交易操纵	单独或者合谋，集中资金优势、持股或者持仓优势或者利用信息优势联合或者连续买卖的	单独或者通过合谋，集中资金优势、持股优势或者利用信息优势联合或者连续买卖	单独或者合谋，集中资金优势、持仓优势或者利用信息优势联合或者连续买卖合约
约定交易操纵	与他人串通，以事先约定的时间、价格和方式相互进行证券、期货交易的	与他人串通，以事先约定的时间、价格和方式相互进行证券交易	与他人串通，以事先约定的时间、价格和方式相互进行期货交易
洗售操纵	在自己实际控制的账户之间进行证券交易，或者以自己为交易对象，自买自卖期货合约的	在自己实际控制的账户之间进行证券交易	在自己实际控制的账户之间进行期货交易
虚假申报操纵	不以成交为目的，频繁或者大量申报买入、卖出证券、期货合约并撤销申报的	不以成交为目的，频繁或者大量申报并撤销申报	不以成交为目的，频繁或者大量申报并撤销申报
蛊惑交易操纵	利用虚假或者不确定的重大信息，诱导投资者进行证券、期货交易的	利用虚假或者不确定的重大信息，诱导投资者进行证券交易	利用虚假或者不确定的重大信息，诱导交易者进行期货交易
利用信息操纵 （抢帽子操纵）	对证券、证券发行人、期货交易标的公开做出评价、预测或者投资建议，同时进行反向证券交易或者相关期货交易的	对证券、发行人公开做出评价、预测或者投资建议，并进行反向证券交易	对相关期货交易或者合约标的物的交易做出公开评价、预测或者投资建议，并进行反向操作或者相关操作

法律依据 市场操纵类型	《刑法》	《证券法》	《期货和衍生品法》
期货逼仓			为影响期货市场行情囤积现货
			在交割月或者临近交割月，利用不正当手段规避持仓限额，形成持仓优势
利用相关市场操纵		利用在其他相关市场的活动操纵证券市场	利用在相关市场的活动操纵期货市场
兜底条款	以其他方法操纵证券、期货市场的	操纵证券市场的其他手段	操纵期货市场的其他手段

资料来源：笔者整理。

　　约定交易操纵，是指在单个账户、交易者自身实际控制账户之间，或者涉嫌关联账户之间大量进行相互交易，影响证券或衍生品合约交易价格或者交易量、转移资金、扰乱市场秩序，或者谋取不正当利益。在2013年债市整顿之前，我国银行间市场的利益输送就经常以"约定交易操纵"的形式进行，常见做法是市场操纵者将其所在机构持有的债券以约定好的低价卖给其控制的丙类户[①]，丙类户则将债券以市价抛出赚取差价。通过这种方式，市场操纵者将本应属于其所在金融机构的差价收益转移给了自己。

　　洗售操纵也被称为自买自卖操纵，是指在自己实际控制的账户之间进行证

---

① 中央结算一级托管账户分为甲、乙、丙三类。甲类户开户机构为商业银行，乙类户主要是券商、基金、保险等非银行金融机构。在2013年银行间债券市场整顿之前，丙类户主要由非金融机构法人和部分非银金融机构理财产品开立。

券交易或衍生品交易，影响交易价格或者交易量。洗售操纵会制造虚假的成交价和成交量，其他投资者可能会受误导而进行交易，市场操纵者因此获利。可能有读者疑惑为何虚增交易量也能影响其他投资者并因此获利。因为一些程序化交易策略或者技术分析方法以市场交易量为参考因子，当成交价格出现显著变化，并伴随交易量扩大时，采用这类策略的投资者就会认为这是买入或者卖出信号，随之进行买入或卖出。

蛊惑交易操纵，是指市场操纵者进行证券或衍生品交易时，利用不真实、不准确、不完整或不确定的重大信息，诱导投资者在不了解事实真相的情况下做出投资决定，影响交易价格或交易量，市场操纵者利用市场波动取得经济上的利益。

利用信息操纵，俗称"抢帽子"操纵市场，是指是对期货、期货标的物、证券或其发行人、上市公司公开做出评价、预测或者投资建议，以便通过期待的市场波动取得经济利益的行为。这种市场操纵一般有两种行为模式，一种是市场操纵者会提前建仓，然后评价该金融产品以拉高（或拉低）其价格，最后平仓获利。市场操纵者也可能无任何持仓，然后推荐拉高或拉低金融产品的价格，最后在有利价位开仓获利，市场操纵者的平仓或者开仓通常在推荐证券或者期货合约当日或者次日。《刑法》《证券法》和《期货和衍生品法》均未对利用信息操纵的行为主体进行限制，即行为主体不用具有特定身份，一般的散户也可以实施利用信息操纵。但是证监会印发的《证券市场操纵行为认定指引（试行）》曾经对利用信息操纵的行为主体进行过限制，须是证券公司、证券咨询机构、专业中介机构等专业机构及其工作人员。《证券市场操纵行为认定指引（试行）》虽然并非证监会公开发布的部门规章或规范性文件，不是执法依据，并且已经自 2020 年 10 月 30 日废止[①]，但是该指引曾经是证监会认定市场操纵行为的参考，所以通过该指引可以看出我国金融市场监管对利用信息操纵行为的认识发生了变化。该指引之所以要对信息操纵限定实施主体，因为传统上，实施这类市场操纵行为的主体通常是专业金融机构及其工作人员、证券公司等专业机构具有专业性，投资者对其发布的公开评价、预测或者投资建议的信任度更高，更容易受其影响进行交易，并且如果这类专业机构不能做到诚实守信和勤勉尽责经营，对金融市场交易秩序的侵害程度更高。但我国现行法律中并没有限定利用信息操纵的行为主体，是因为立法者意识到，一些非专业中介机构人员也具有相当的市场影响力，比如活跃在视频网站和社交软件上进行股票和衍生品评论的"股评家"，一些投资者会根据网络"股评家"对于股票或者衍生品的评价进行投资决策。

虚假申报操纵在境外被称为幌骗操纵，是指不以成交为目的，通过大量申报并撤销等行为，引诱、误导或者影响其他交易者的正常交易决策的违规交易行为。在实务中，这种市场操纵行为可以表现为单独或合谋，市场操纵者不以成交为目的，频繁申报、撤单或者大额申报、撤单，然后通过进行与申报方向相反的交易获利，或者以其他方式获利。典型案例是，市场操纵者在中央限价指令簿的一侧发布大额限价指令，同时在中央限价指令簿的另一侧发布冰山指令（Iceberg Order）[②]。由于大额限价指令停留在中央限价指令簿上的时间较长，其他市场交易者观测到大额的限价指令后，对于市场的交易需求产生了误判，

---

① 《证券市场操纵行为认定指引（试行）》属于制度文件，关于废止该文件的公告，详见证监会于 2020 年 10 月 30 日发布的《关于修改、废止部分证券期货制度文件的决定》（证监会公告〔2020〕66 号）。

② 冰山指令是可以隐藏实际申报量的报单，我国证券和衍生品市场并不支持冰山指令，但境外部分市场可以使用冰山指令。

跟随在同一侧下单，市场操纵者停留在中央限价指令簿另一侧的冰山指令借此机会和这些跟风投资者的订单成交。

期货交割逼仓行为通常表现为市场操纵者持有期货多头合约，并同时持有大量可交割商品或者金融资产，市场操纵者通过限制可交割现货的供给而获利。

蛊惑交易操纵和利用信息操纵这种传统的市场操纵手段虽然还时常发生，但是可见性较高，交易所和监管机构较容易察觉。而随着算法交易和高频交易技术的兴起，利用技术手段进行自买自卖和幌骗的案例逐渐增多，并且这类市场操纵行为往往更为隐秘，有时很难和正常的交易行为区分，识别这类行为的难度较高。

（二）典型市场操纵事件

1. 利用虚假申报操纵日本 10 年期国债期货

虚假申报操纵在境外被称为幌骗（Spoofing），是高频交易兴起后，常见的一种市场操纵行为。2017 年，三菱日联摩根士丹利证券（Mitsubishi UFJ Morgan Stanley Securities，以下简称 MUFJ）利用幌骗手段操纵了大阪交易所日本 10 年期国债期货。事发后，大阪交易所对 MUFJ 处以 4000 万日元的罚款，同时暂停其自营部门交易国债期货资格三个交易日（2018 年 10 月 9 日—11 日）。2018 年 1 月 29 日，日本金融厅又对该机构处以 2.1837 亿日元的罚款。

MUFJ 是日本国债一级市场承销商，在一级市场上买入日本国债，再销售给其客户，为对冲利率风险，MUFJ 的自营账户需要频繁交易日本国债期货。2017 年 8 月 25 日，MUFJ 自营部门的交易员为了获得更优的成交价，在当日下午 18：34—19：09 的夜盘交易时段，利用自营交易账户，发布了大量交易日本 10 年期国债期货 2017 年 9 月合约的交易指令。MUFJ 的交易员首先在中央限价指令簿最优买价至低于最优买价 5 个最小变动价位的价格区间内发布了大量买单，然后在几秒之后立刻撤下了其发布的买单，MUFJ 的交易员同时发布了国债期货的卖单。其他交易者看到 MUFJ 发布的买单，跟随其发布了高于当前最优市场价格的买单，MUFJ 的卖单和其他参与者发布的买单成交，MUFJ 通过发布幌骗买单的方式以高价卖出了国债期货。

MUFJ 利用虚假申报操纵日本国债期货之所以能够达成，有两个原因：一是因为 MUFJ 可以直连交易所，低延迟技术使得其下单和撤单速度都快于一般投资者，MUFJ 在其他投资者尚未发现时即撤下了虚假的买单；第二，由于夜盘交易时段的市场流动性较差，MUFJ 发布的大量买单很容易引起其他投资者注意，并跟随下单。

2. 伦敦金属交易所镍期货逼仓

典型的交割逼仓行为表现为市场操纵者持有期货多头合约和大量可交割资产，但即使市场操纵者不持有可交割资产，如果其知道市场上可交割资产供应不足，同样可以进行逼仓，因为此时市场操纵者知道期货空头无法筹措到足够的可交割资产进行交割，只能选择高价平仓期货合约。最近一次市场影响较大的此类逼仓是 2022 年 3 月伦敦金属交易所（London Metal Exchange，简称 LME）的镍期货逼仓事件。2022 年 3 月 8 日，LME 镍期货价格在短短几小时里翻倍，暴涨至 10 万美元/吨以上，LME 不得不暂停镍期货交易并宣布当日交易无效。当时市场普遍猜测我国的青山控股集团持有大量镍期货空头。青山控股集团主营不锈钢生产和镍矿提纯，镍矿是其重要的原材料，青山控股因此通过持有镍期货空头的方式进行风险管理。虽然是全球主要的镍资源拥有者之一，但青山控股集团的主要产品是镍铁和高冰镍，而 LME 镍期货的可交割标的是镍板和镍豆，青山控股持有的镍现货无法直接用于 LME 镍期货交割。当市场上可交割镍现货供给充足时，青山控股集团可以通过现货置换解决逼空危机，但是时值俄乌冲突，作为镍最大出口国的俄罗斯受英国政府制裁，全球镍供给受到影响。市场投机者认为青山控股集团无法筹集到足够的镍现货进行交割，因此建立了大量镍期货多头持仓进行逼空。

近年来，由于全球的交易所普遍引入了交割月持仓限额制度并尽可能扩大可交割现货的范围，还针对一些产品采用期货空头举手交割制度[①]，实物交割的期货交割逼仓出现的概率在逐渐降低。但持仓限额并不能完全避免逼仓现象的出现，当期货市场的整体规模远大于现货市场时，即使每个参与者的持仓都不超出持仓限额，但实际的交割需求也可能会超过现货市场的供给。

---

① 期货空头交割举手制度是指由期货的空头发起交割申报，期货空头有权决定以何种现货进行交割，与其配对的期货多头必须接受空头提供的现货。比如实物交割的国债期货就普遍采用期货空头交割举手制度。

二

监管市场操纵

（一）交易所识别异常交易行为

在讨论识别市场操纵行为的方法之前，有必要澄清交易所和监管机构在监管市场操纵行为上的分工。市场操纵是特定的法律概念，在境内市场，交易所只是自律监管主体，不是司法机关和执法机关，无权判断投资者的行为是否属于市场操纵，但交易所会为证监会稽查部门认定市场操纵提供线索和证据。交易所的主要工作是识别和监管异常交易行为，异常交易行为是交易所认为会破坏正常交易秩序的行为，异常交易行为有潜在的市场操纵可能性，因此交易所通过监控异常交易行为来防止市场操纵行为出现。衍生品交易所通常从报单、成交和持仓三个层面识别异常交易行为。

在订单层面，交易所会关注频繁报撤单和大额报撤单，频繁报撤单是指日内撤单次数过多，大额报撤单是指大量且多次申报并撤销申报。以境内股指期货为例，中金所规定，投资者单日在某一合约上的撤单次数达到 400 次（含 400 次）的，构成"频繁报撤单"的异常交易行为。投资者单日在某一合约上的撤单次数达到 100 次（含 100 次），且单笔撤单量达到交易所规定的限价指令每次最大下单数量 80% 的，构成"大额报撤单"的异常交易行为。如果投资者的异常交易行为达到了交易所的处理标准，交易所会对投资者采取限制开仓的监管措施。限制大额报撤单和频繁报撤单主要是为了防止虚假申报操纵。如前所述，识别市场操纵行为的难点是有效区分异常交易行为和正常交易行为，避免异常交易监管措施限制投资者的正常交易。限制频繁报撤单和大额报撤单也可能影响投资者正常向市场提供流动性的行为，最明显的影响就是影响做市商做市，做市商有责任向市场提供买卖报价，即做市商必须要以较高的频率进行报撤单。为了不干扰做市商的正常做市，交易所会对做市商进行豁免，即规定做市业务产生的频繁报撤单不构成异常交易行为。但是一些采用做市交易策略的非做市商投资者却无法享受交易所的频繁报撤单豁免，这类投资者不具有交易所做市商资格，但是以赚取买卖价差作为盈利方式，会自发向市场提供流动性，交易所对频繁报撤单的限制会在一定程度上限制这类"非官方"做市商。

在成交层面，交易所主要监控"自成交"。自成交是指以自己为交易对象，大量或者多次进行自买自卖，包括一组实际控制①关系账户内的投资者之间的交易。同样以境内股指期货为例，投资者单日在某一合约上的自成交次数达到 5 次（含 5 次）的，构成异常交易行为。交易所认定这类行为为异常交易主要是为了监管洗售操纵。由于交易所的中央限价指令簿采用匿名交易方式，交易者在下单时无法知道其交易指令撮合后的对手方是谁，所以可能会出现自成交的情况，但是如果某个投资者自成交过于频繁，交易所则会怀疑其在进行洗售操纵。境内交易所并不对做市商进行自成交豁免，因此对自成交的监控会对做市

---

① 实际控制，是指通过股权、协议、委托或者其他方式，直接或者间接拥有对某个账户的交易活动作出决策或者导致形成决策的权利。

商造成一定影响。比如某家证券公司具有交易所的做市商资格，该证券公司同时有自营交易业务，虽然做市业务和自营业务会开立不同的交易账户，即具有不同的交易编码[①]，但这两个账户具有实际控制关系，如果该证券公司的做市账户和自营账户之间的自成交次数超过交易所的监管标准，可能被交易所认定为异常交易行为。实际上，由于做市商有持续提供流动性的义务，做市账户和自营账户之间成交的概率大于一般实控关系账户之间成交的概率，因此对做市账户采取相同的自成交监管标准会限制做市行为。

在持仓层面，交易所主要监控投资者是否有超过持仓限额的行为。监控投资者是否遵守限仓主要是为了防止逼仓这类市场操纵行为。交易所会格外关注两种投资者的持仓超过持仓限额的情况：一是实际控制关系账户合并持仓超限，即两个或者两个以上具有实际控制关系的账户合并持仓超过交易所持仓限额规定；二是可疑账户合并持仓超限，即交易所认为可能存在实际控制关系的多个账户合并持仓量超过交易所限仓标准。

虽然本节主要介绍衍生品交易所怎么识别异常交易行为，但实际上证券交易所也通过监控频繁报撤单和自成交来识别异常交易行为。但不同交易所认定频繁申报和自成交的标准不同，比如上交所主板股票的异常交易监控标准中对于自成交的认定采用相对标准，重点监控"成交数量占股票全天累计成交总量的10%以上或者收盘集合竞价阶段成交数量占期间市场成交总量的30%以上"的自成交。而中金所在监控自成交时采用绝对标准，即"投资者单日在某一合约上的自成交次数达到5次（含5次）的，构成异常交易行为"。

---

① 交易编码是投资者在交易所进行交易时的身份识别码。

（二）为何很难发现市场操纵行为

交易所必须有效区分疑似市场操纵的异常交易行为和正常市场交易行为，并且交易所对于异常交易行为的监控不能干扰正常的市场秩序。在实践中，实现上述两点存在一定难度，因为随着金融市场产品创新和技术创新，市场操纵行为越加隐蔽，法律对于市场操纵的规定和交易所技术系统对异常交易行为的监控有时无法跟上市场的变化，因此导致监管机构对于市场操纵行为的监管存在滞后性。

1. 市场操纵行为越加隐蔽

由于金融市场的产品创新和技术创新，近期的市场操纵行为越加隐蔽，增加了监管机构、交易所和金融机构合规部门区分正常交易行为和市场操纵行为的难度。金融市场行情瞬息万变，投资者为了对冲风险和寻找套利机会，可能会频繁进行交易，如何将这些出于正常经济目的的交易行为和企图扭曲市场价格的市场操纵行为进行区分，是监管机构和金融机构合规部门面临的主要难点。

2. 内控严格的大型机构也可能参与市场操纵

虽然金融机构严格的内控机制可以降低其参与市场操纵行为的概率，但是从市场操纵的主体上看，即使是内控机制较为健全的大型跨国金融机构也可能反复参与市场操纵。法国兴业银行、野村证券、Morgan Stanley 等机构都曾参与市场操纵，并且由于这些大型金融机构的资金和技术手段都更为充足，其参与的市场操纵更难以侦查。

3. 跨市场的市场操纵行为增多

很多市场操纵行为同时涉及多个市场，比如期货逼仓就经常同时涉及现货市场、交易所衍生品市场和场外衍生品市场，当不同市场由不同监管机构管辖时，发现这些跨市场的市场操纵的难度进一步提升。

比如对于逼仓这种典型的市场操纵行为，期货交易所通常通过持仓限额制度来进行控制。近年来，由于场外衍生品的发展，市场操纵者会通过建立场外衍生品持仓来实现逼仓，但交易所的持仓限额只能限制交易者在交易所的持仓，交易所无法直接管辖场外衍生品持仓。虽然英国和美国的监管机构要求交易所的限仓管理对场外内外衍生品持仓合并计算，但是场外持仓规模的统计依赖于交易者自行报告，交易所很难准确掌握交易者场内外衍生品整体规模，因此在识别潜在的逼仓风险时面临困难。

由于上述因素，调查市场操纵行为的周期往往较长，从监管机构发现市场操纵行为到最后做出处罚决定，处理周期有时会长达 2—3 年。

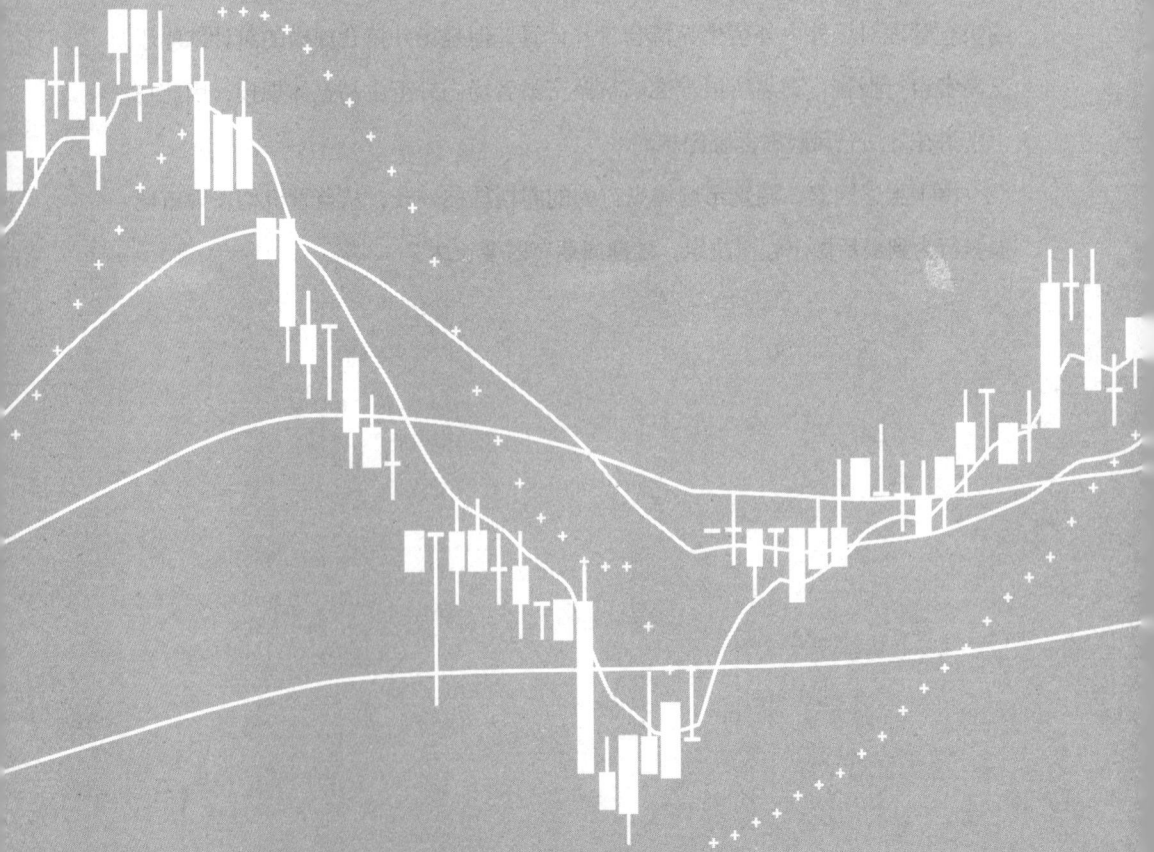

第九章

交易所信息披露

交易所掌握着大量信息，除了价格、交易量、持仓量和交割量这类静态数据外，交易所还掌握有客户的交易行为变化和持仓变化等动态数据。一些信息来自交易所自身，比如交易所的关键业务参数和财务数据，一些数据来自交易所的会员和客户，比如客户的成交价和持仓规模。交易所有保护会员和客户数据的责任，但是交易所也有促进市场信息高效传播和维护市场透明度的责任。因此出于市场整体利益的需要，交易所有责任对一些数据进行披露，充分的信息披露还可以提升投资者对市场的信任。本章解释信息披露的作用，介绍交易所信息披露的内容，交易所如何进行信息披露，以及过度信息披露的潜在问题。

信息披露的作用

按照信息的来源，交易所掌握的信息有两类：一类是交易所自身的信息，包括交易所关键业务参数、关键程序和交易所财务数据等。第二类是来自市场的信息，即市场数据，包括报价、成交价、收盘价、结算价、成交量和持仓量等。披露不同类型信息的作用不同，因此下面分类进行说明。

（一）市场数据披露与市场透明度

金融行业的共识是，市场数据披露和市场透明度紧密相关。市场透明度分为交易前透明度（Pre-trade transparency）和交易后透明度（Post-trade transparency）。交易前透明度主要指实时发布买卖报价，即和当前交易机会有关的信息，而交易后的市场透明度指的是成交信息的实时发布。信息透明度影响市场流动性和价格形成机制。

交易前透明度至少有两方面的作用：第一，帮助投资者了解市场当前供求关系，并提升市场效率。交易前透明度要求交易所公布当前市场的交易机会，包括价格信息和交易量信息，交易者因此可以了解金融产品的市场供求情况。举例来说，假设投资者希望买入 800 股 A 公司的股票，该投资者最初的交易目标是以 20 元每股的均价成交，当投资者看到中央限价指令簿上最优卖价是 21 元，并且报单量仅为 100 股时，如果该投资者希望尽快达成交易，则需要将目标均价调整到 21 元以上才能保证其 800 股的交易需求被完全满足。通过交易前市场透明度，投资者可以及时调整其交易期望，以较快的速度达成交易。如果没有交易前透明度，投资者只能通过反复下达交易指令的方式去试探市场价格，市场效率很低。第二，在市场具有充分的交易前透明度的前提下，投资者有更大的自信认为自己可以在最好的价格上成交，投资者的这种自信鼓励了其积极参与交易，促进市场价格发现。具体来说，如果交易所实时发布买卖报价，比如 A 公司股票的最优卖价是 21 元，而最优买价是 20 元，投资者因此可以确定买入 A 公司股票的最好价格是 21 元，而卖出 A 公司股票的最好价格是 20 元，如果该价格符合其交易目标，投资者就会进行交易。如果交易所不公布报价，投资者不清楚市场最优价是多少，担心无法在最优价上成交，因此会犹豫是否应该进行交易。

交易后市场透明度体现在及时发布成交价格和成交量信息。交易后透明度有三方面的作用：第一，对于投资者而言，获得这些信息给予投资者将自己的成交价格、成交量与其他投资者进行对比的机会，让他们可以比较自己的交易执行质量。第二，交易后透明度帮助该市场以及相关市场的投资者了解该市场最终价格博弈的结果。相比交易前透明度，交易后透明度披露的是实际成交的价格和交易量，是市场博弈的最终结果，成交价相比报价更有参考意义。第三，对于没有交易前透明度的市场，交易后透明度是一种亡羊补牢措施。典型例子是暗池交易平台，我国证监会并不允许暗池交易，但暗池交易在美国市场较为常见，暗池为了保护投资者交易意向不提前被泄露，因此在交易前不披露报价信息，即没有交易前透明度，但是美国证券交易委员会（SEC）要求暗池平台必须提供交易后透明度，即必须在交易达成后公布成交信息，对缺乏交易前透明度导致的负面影响进行补救。

（二）交易所披露自身信息的作用

一个有趣的事实是，投资者希望看到其他投资者的交易数据，但却不希望自己的交易数据被披露。交易所行业也有类似的现象，一些交易所并不愿意披露自身信息。境外主要的大型交易所都是上市公司，有定期披露财务报表的义务，而截至 2023 年，我国境内的交易所均没有公开发行股票或债券，公众没有专门的途径获得完整的交易所财务数据。交易所有责任对关键程序、关键业务设计原则、关键参数和关键财务数据进行披露，即使交易所不是公众利益实体，交易所的监管机构通常也会强制交易所对影响市场运行的关键信息进行披露。实际上，披露包括财务报表在内的交易所信息至少有以下三方面的作用：

第一，交易所披露其关键程序能够帮助投资者合理规划交易行为。举例来说，境内衍生品交易的结算价晚于收盘价公布，结算价会影响到投资者的日终资金结算和风险估算，因此如果交易所公布详细的结算价计算方法，投资者就可以自行估算结算价，提前进行业务操作准备。第二，披露交易所重要财务数据可以帮助投资者准确了解参与交易的风险和实质性成本。对于一些承担中央对手方责任的交易所，银行类机构在参与该交易所的业务时，需要进行风险资本计提，如果交易所资产负债表上用于抵抗风险的财务资源较充沛，意味着参与交易所业务较为安全，银行可以适当减少其对交易所的风险资本计提。第三，对程序、业务设计原则和财务数据进行披露可以提升投资者对交易所的信任。境内交易所规则中对一些业务程序的规定较为模糊，比如境内期货交易所的交易规则中对挂盘基准价的规定一般仅写"挂盘基准价由交易所确定"，对挂盘基准价如何计算不进行详细说明。这种做法主要是为了增加交易所业务的灵活性，但是规定模糊会造成不确定性，因此投资者通常希望交易所详细披露其关键业务程序和业务设计思路。

二

信息披露的内容和频率

上一节解释了为什么需要进行信息披露，本节讨论交易所实务中的问题，应该披露哪些信息以及以何种频率进行披露。

（一）交易所信息披露内容

1. 交易所实时数据

交易所以三种形式向公众发布数据，分别是实时数据、历史数据和衍生数据。实时数据是交易所实时发布的数据，交易所通常称这类数据为实时行情，包括实时申报价、实时申报量、实时成交价、实时成交量、实时持仓量等。实时数据的发布频率最高，反映市场的最新情况，程序化交易者，尤其是高频交易者最重视这类数据，因为即使是比其他投资者早1秒获得这些数据都可以给其带来显著的优势。信息服务商和投资者都可以向交易所申请授权使用实时行情数据，交易所的实时行情有两个级别，交易所行业习惯将其称为 Level‑1 行情和 Level‑2 行情，境内交易所也称 Level‑1 行情为基本行情，对于 Level‑2 行情，境内证券交易所和期货交易所的命名习惯不同，期货交易所称 Level-2 行情为深度行情，证券交易所则是称 Level-2 行情为增强行情。

不同交易所对 Level-1 行情和 Level-2 行情的内容、发布形式和发布频率的规定不同。一般来说，Level-1 行情包含的信息较少，境内期货交易所发布的基本行情的报价档位仅包括一档报价。而 Level-2 行情又称多档行情或者深度行情，包括中央限价指令簿上多个档位的报单信息，比如境内期货交易所发布的 Level-2 行情包括五档报价信息，并且 Level-2 行情发布频率通常也高于 Level-1 行情。因为 Level-2 行情包含的数据更多，数据更新频率更快，因此信息服务商和专业投资者一般选择直接向交易所购买 Level-2 行情。虽然交易所会向市场提供 Level-2 行情，但是这并不意味着所有投资者都可以看到 Level-2 行情，向交易所直接申请授权使用实时深度行情的投资者主要是大型金融机构和高频交易商，一般投资者不会直接从交易所购买实时深度行情，而是通过从信息服务商的渠道获得实时数据，信息服务商仅向一般投资者提供 Level-1 行情。表 9-1 分别以境内的证券交易所、金融期货交易所和商品期货交易所作为例子，总结了行情发布内容、频率和发布形式。

我国期货交易所和证券交易发布的报价实时行情的档位深度不同，期货交易所的 Level-1 行情的报价档位深度为一档报价，即最优买价和卖价，Level-2 行情的报价档位可以深至五档。证券交易所发布的报价档位更深，Level-1 行情包括五档报价，而 Level-2 行情的报价深度深至十档报价。虽然从市场透明度的角度看，发布十档报价的市场的透明度更高，但是当市场流动性较差时，五档之外的价格档位可能几乎没有报价，还存在"钓鱼单"。因此，对于流动性差的金融产品，五档以外的报价和报单量信息可能无法展示真实的市场流动性情况，还可能会造成投资者对市场流动性情况的误读，一些交易所因此选择只发布五档以内报价信息。

表 9-1　境内交易所行情发布内容、形式和频率

（截至 2023 年 8 月）

交易所	中金所		大商所		深交所	
行情类型	基本行情（Level-1行情）	深度行情（Level-2行情）	基本行情（Level-1行情）	深度行情（Level-2行情）	基本行情（Level-1行情）	增强行情（Level-2 行情）
报价档位	一档	五档	一档	五档	五档	十档
形式	切片数据		切片数据		切片数据	切片数据、逐笔数据（逐笔成交、逐笔申报）
切片数据发布频率	500毫秒/次	500毫秒/次	500毫秒/次	250毫秒/次	3秒/次	3秒/次

资料来源：笔者根据各交易所行情授权申请指引整理。

行情数据有两种发布形式，分别是逐笔行情（Tick-by-tick）和切片行情（Snapshot）。逐笔行情是整个市场上的逐笔数据，投资者一笔新的委托会形成一笔行情，交易所撮合一笔新的成交也会形成一笔行情，逐笔行情包括市场上每一笔申报和每一笔成交的数据，是对市场活动最完整的记录。切片行情又称快照行情，是逐笔行情数据某一个时刻的切片，比如期货交易所每 500 毫秒发布一次的切片行情就是每 500 毫秒时间段内报单和成交的快照。证券交易所和期货交易所数据发布形式稍有差异。我国期货交易所目前仅发布切片行情，但证券交易所的 Level-2 数据除了发布切片行情外，还发布逐笔行情，包括逐笔成交和逐笔申报。因此，证券交易所发布的行情信息更为全面，因为如果仅是以快照方式发布行情，在交易所发布的两次行情快照中间会存在未能披露的报价和成交。

证券交易所和期货交易所的切片数据发布频率也不同，期货交易所对数据的采样频率更高，为 250 毫秒 / 次或 500 毫秒 / 次，而证券交易所的数据发布频率为 3 秒 / 次。

2. 交易所历史数据和衍生数据

历史数据包括历史行情数据和统计数据，历史行情数据是历史订单和成交信息，统计数据通常有日统计数据、周统计数据、月统计数据和年统计数据。交易所发布的历史行情数据会携带时间标签，投资者和金融领域的研究者可以使用这些数据进行历史盘面分析。因为这类数据对研究市场微观结构和交易行为有很高的价值，因此带时间标签的历史数据通常不是免费的，数据销售已经成为交易所行业重要的收入来源之一，以美国芝加哥商业交易所集团（CME Group）为例，在 2022 年财年，数据收入占集团总收入的比例为 12%。除了历史行情数据，统计数据也是很有价值的市场数据，统计数据可以帮助投资者在宏观层面了解市场情况和金融产品交易情况，交易所会公布年交易总额、年交易总量、日均成交量、日均持仓量、日均成交持仓比等统计数据，监管机构和金融领域的研究者通常关注这些数据。

衍生数据是指经交易所加工过的数据，比如根据期权的价格计算得到的隐含波动率，以及根据利率期货的价格计算得到的央行加息概率，比如 CME 的 Fed Watch 工具基于联邦基金利率[①]期货（Fed Funds Futures）的价格计算美

---

① 美国联邦基金利率（Federal Funds Rate）是美国存款机构之间无抵押拆借美联储存款准备金余额的利率。美联储要求存款机构上缴存款准备金，因此资金短缺的存款机构会向拥有超额准备金的存款机构借入资金，这些利率的平均值即是联邦基金利率。联邦基金利率是美联储货币政策的主要操作利率。

联储未来议息会议调整利率的可能性。衍生数据和经过简单统计方法得到的历史统计数据不同，衍生数据通常需要基于理论模型加工得到，因此更有价值，通常被投资者视为风险评估和资产定价的重要参考。发布衍生数据是交易所的增值服务之一，很多欧美交易所都计算并公布衍生数据，我国交易所主要公布实时行情数据、历史行情数据和历史统计数据。

（二）信息披露频率的考虑因素

披露频率和披露内容同样重要，一些数据披露得太早，可能会造成投资者的交易意图被提早泄露，影响投资者的交易积极性。而一些数据如果披露得太晚，又会影响投资者及时对市场情况进行判断，降低交易所市场的价格发现效率。一般而言，对于中央限价指令簿上的报价和成交数据，交易所应该以较高的频率实时公布，而对于以大宗交易或期转现交易等非竞争性交易方式达成的交易，信息披露的实时性要求则没有那么高。

中央限价指令簿信息的实时披露有助于价格发现，并且可以限制某些单纯为了侦测价格的无意义交易行为。当市场价格并不透明时，高频交易者可以利用其技术优势，采用快速下达大量小额订单的方式侦测大额订单，这种流动性侦测行为会消耗交易系统资源并且会影响市场公平性。我国各交易所的切片行情的发布频率并不一致，有250毫秒/次、500毫秒/次和3秒/次三种发布频率。数据发布频率是250毫秒/次还是3秒/次对于一般投资者来说或许没有什么区别，但是对于高频交易者却有很大区别，一方面，如果高频交易者可以比一般投资者更快获得报价数据，那么可以抢在一般投资者下单之前下单；另一方面，如果数据频率发布间隔较大，那么高频交易者可以在交易所两次切片行情发布的间隙，使用流动性侦测策略来发现未被交易所披露的报价，从而获得更多的交易机会。不过目前我国证券交易所的 Level-2 数据实时推送逐笔报单和成交数据，因此很难使用流动性侦测策略，但是只发送切片数据的衍生品市场还是有使用流动性侦测策略的机会。

对于非竞争性交易方式达成的交易，可以采取较低的频率发布，比如我国证券交易所的大宗交易就采用盘后披露。实际上，大宗交易这类非竞争性交易方式是没有交易前透明度的，并没有报价平台来展示投资者的大额交易意向。理论上，大宗交易需要有交易后透明度，即交易达成后应该披露成交信息，但为了便于大宗交易的流动性提供者进行对冲交易，一些交易所会降低大宗交易信息披露的实时性。

即使是对于以非竞争性交易方式达成的交易，信息披露也至少应该在交易达成的当天进行，如果信息披露得过晚，披露出的成交价格可能与市场价格存在差异，引发投资者对于市场行情的误判。以大宗交易为例，如果大宗交易的交易行情发布时间和中央限价指令簿的行情发布时间间隔太久，将使投资者观察到同一合约出现两个差异很大的成交价格。此外，大宗交易与中央限价指令簿交易合并计算持仓，即大宗交易也会引起市场交易总量和持仓总量出现变化，如果大宗交易的成交量信息发布得过晚，投资者可能会疑惑为何市场整体的成交量变化和中央限价指令簿上的交易情况不匹配，无法准确判断市场行情。

三

过度信息披露

如前文所述，市场透明度和市场数据披露程度有关，市场数据披露得越多，市场透明度越高，但市场透明度和市场质量间的关系并不是绝对的——不适当的市场透明度反而会降低市场质量。监管机构和交易所需要将市场透明度维持在合适水平，一方面确保大部分投资者可以获得足够的市场信息以促进价格发现；另一方面也要防止过度的透明度震慑了投资者，使其不愿意参与交易，降低了市场的流动性。

（一）市场数据的过度披露

市场数据的过度披露至少在以下两个方面影响市场质量。一是大额交易的过快披露会使得交易意图暴露，增加抢跑交易发生的频率，阻碍投资者向市场提供流动性。当市场的透明度过低时，高频交易者可以利用其特有的交易策略和手段获得其他交易者不能获得的信息，比如不断下达试探的订单，侦测市场的大额订单，试探订单会增加交易系统负荷。而当市场具有过度的透明度时，一些投资者可能因为惧怕交易意向被暴露而不愿参与市场交易。在大宗交易的章节提到过，投资者会因为担忧大额交易意图被提前暴露，转而寻找更隐蔽的市场去执行大额交易。这正是美国证券市场的暗池交易非常发达的原因，暗池交易平台没有交易前透明度，投资者可以更隐蔽地参与交易。二是投资者持仓信息的过度披露会暴露其交易策略，可能导致投资者的交易计划无法进行，还可能引发逼仓等问题，比如交易所披露了某投资者持有大量商品期货空头，而市场猜测该投资者没有可交割资产用于实物交割，则可能对其逼仓。

综上所述，交易所判断一项市场数据是否应该披露时的基本原则是权衡个体投资者利益和市场整体利益。如果披露该市场数据，可以带来市场整体利益的提升，但不会过度损害一个或者一类投资者的利益时，那么就应该进行披露。举例来说，披露某个特定投资者的持仓对市场整体的好处是有限的，即并不能帮助大部分投资者识别市场风险或是判断市场价格，但对于这个特定投资者而言，持仓信息被披露却有较大危害，会导致交易策略被其他交易者获得，那么交易所就不应该单独披露每个投资者的持仓。但是如果一类投资者的交易规模对评估市场整体风险有较大作用时，比如投资者在评估金融市场是否有系统性风险隐患时，会关注存款类机构参与衍生品的持仓规模，那么交易所出于维护市场整体利益的考虑，就应该对这一类投资者的持仓和交易总量进行披露。

（二）交易所信息的过度披露

交易所有必要披露关键业务流程、产品设计思路和财务数据，但是对特定信息和数据的披露可能造成风险，因此交易所披露自身信息也要防止过度披露。交易所披露自身信息至少应该从以下三方面评估：

第一，是否会增加市场操纵风险。交易所如果详细披露识别市场操纵的方法和流程，可能会让市场操纵者掌握规避交易所监管的方法，因此对于这类业务细节，交易所可能会选择不向公众披露。第二，是否影响交易所技术安全性，交易所公布技术系统细节可能增加技术系统被网络攻击的风险。第三，是否不利于交易所知识产权的保护。包括交易系统设计、撮合算法设计在内的业务设计和技术系统设计是交易所的智慧成果，如果对细节过度公布，其竞争对手可能进行复制。

外文缩写列表

缩写	外文全称	中文名称
ASX	Australian Securities Exchange	澳大利亚证券交易所
CBOT	Chicago Board of Trade	芝加哥期货交易所
CCP	Central counterparty	中央对手方
CFTC	Commodity Futures Trading Commission	美国商品期货交易委员会
CME	Chicago Mercantile Exchange	芝加哥商业交易所
CPSS	Committee on Payment and Settlement Systems	国际清算银行支付结算体系委员会
CSD	Central Securities Depository	中央证券存管机构
CTD	Cheapest-to-deliver	最便宜可交割券
EFP	Exchange for Physicals	期转现交易
FCA	Financial Conduct Authority	英国金融行为监管局
FSA	Financial Services Authority	英国金融服务局

缩写	外文全称	中文名称
FWB	Frankfurter Wertpapierborse	法兰克福证券交易所
HFT	High-Frequency Trading	高频交易
ICE	Intercontinental Exchange	洲际交易所
IOSCO	International Organization of Securities Commissions	国际证监会组织
IRS	Interest Rate Swap	利率互换
LIBOR	London Interbank Offered Rate	伦敦银行间同业拆借利率
LME	London Metal Exchange	伦敦金属交易所
MAS	Monetary Authority of Singapore	新加坡金融监管局
MIFID II	Markets in Financial Instruments Directive II	金融工具市场指令 II
NYMEX	New York Mercantile Exchange	纽约商业交易所
NYSE	New York Stock Exchange	纽约证券交易所
OTR	Order-to-Trade Ratio	报单 / 成交比
PFMI	Principles for financial market infrastructures	金融市场基础设施原则
PRA	Prudential Regulation Authority	英国审慎监管局
PS	Payment system	支付系统
PVBP	Price Value of a Basis Point	基点价值
SEC	Securities and Exchange Commission	美国证券交易委员会
SGX	Singapore Exchange	新加坡交易所
SSS	Securities Settlement System	证券结算系统

缩写	外文全称	中文名称
TAC	Trade At Close	收盘价成交指令
TAS	Trade At Settlement	结算价成交指令
TR	Trade repository	交易报告库
VWAP	Volume-Weighted Average Price	交易量加权平均值

参考资料

[1] 《北京证券交易所交易规则（试行）》北证公告〔2021〕15号

[2] 《北京证券交易所交易异常情况处理细则》北证公告〔2021〕21号

[3] 《北京证券交易所股票做市交易业务细则》北证公告〔2023〕2号

[4] 《大连商品交易所交易管理办法》公告〔2023〕20号

[5] 《大连商品交易所异常交易行为管理办法》公告〔2021〕61号

[6] 《大连商品交易所做市商管理办法》公告〔2021〕61号

[7] 《公司债券发行与交易管理办法》证监会令第180号

[8] 《全国银行间债券市场金融债券发行管理办法》中国人民银行令〔2005〕1号

[9] 《关于上海期货交易所深度行情发布有关事项的通知》上期发〔2023〕234号

[10] 《广州期货交易所交易规则》广期所发〔2022〕69号

[11] 《广州期货交易所行情授权申请指引》，广州期货交易所网站，2022年12月27日

[12] 《期货和衍生品法》中华人民共和国主席令第111号

[13] 《期货交易所管理办法》证监会令第219号

[14] 人民银行，发展改革委，财政部，银保监会，证监会，外汇局. 统筹监管金融基础设施方案. 人民银行网站，2020年3月5日。

[15] 《上海证券交易所交易规则（2023年修订）》上证发〔2023〕32号

[16] 《上海期货交易所异常交易行为管理办法》2021年修订

[17] 《上海证券交易所主板股票异常交易实时监控细则》2023年修订

[18] 《深圳证券交易所交易规则（2023年修订）》深证上〔2023〕98号

[19] 《深圳证券交易所关于股票期权程序化交易管理的通知》深证上〔2019〕808号

[20] 《深圳证券交易所股票期权试点做市商业务指引》深证上〔2019〕803号

[21] 《台湾期货交易所"台湾证券交易所股价指数期货契约"交易规则》台期交字第10702007780号函

[22] 《刑法》中华人民共和国主席令第66号

[23] 《中国金融期货交易所交易细则》第八次修订

[24] 《中国金融期货交易所沪深300股指期货合约交易细则》第七次修订

[25] 《〈中国金融期货交易所异常交易管理办法〉股指期权有关监管标准及处理程序》

[26] 《证券法》中华人民共和国主席令第37号

[27] 《证券公司监督管理条例》证监会令第192号

[28] 《证券市场操纵行为认定指引（试行）》证监稽查字〔2007〕1号

[29] 《郑州商品交易所交易规则》郑商发〔2017〕147号

[30] 《郑州商品交易所异常交易行为管理办法》郑商发〔2018〕第47号

[31] Andrew Godwin, Andrew Schmulow. The Cambridge Handbook of Twin Peaks Financial Regulation. Cambridge University Press, 2021.

[32] Andrew Schmulow. The four methods of financial system regulation: An international comparative. Journal of Banking and Finance Law and Practice, 2015, 26(3):151-172.

[33] Andrei A. Kirilenko, Andrew W. Lo. Moore's Law versus Murphy's Law: Algorithmic Trading and Its Discontents. Journal of Economic Perspectives, 2013, Vol 27, No. 2: 51 - 72.

[34] Andrei A. Kirilenko, Albert S. Kyle, Mehrdad Samadi, Tugkan Tuzun. The Flash Crash: High-Frequency Trading in an Electronic Market. The Journal of Finance, 2017, Vol. 72, No. 3: 967-998.

[35] CFTC. Regulation of Noncompetitive Transactions Executed on or Subject to the Rules of a Contract Market. CFTC website, 26 January 1998.

[36] CFTC. Alternative Execution, or Block Trading, Procedures for the Futures Industry. CFTC website, 4 June 1999.

[37] CME Group. CME annual report 2021 CME website, 2022.

[38] Hans Degryse, Rudy De Winne, Carole Gresse, Richard Payne. Cross-Venue Liquidity Provision: High Frequency Trading and Ghost Liquidity. ESMA Working Paper No. 4, 2020.

[39] Imen Ben Ammar, Slaheddine Hellara. High-frequency trading, stock volatility, and intraday crashes. The Quarterly Review of Economics and Finance, 2022, Volume 84:337-344.

[40] International Organization of Securities Commissions.Transparency and Market Fragmentation.Technical Committee Report, November 2001.

[41] International Organization of Securities Commissions. Principle for Financial Benchmark. IOSCO website, 2013

[42] James Angel, Douglas McCabe. Fairness in Financial Markets: The

Case of High Frequency Trading. Journal of Business Ethics, 2013, vol. 112(4): 585-595.

[43] Jonathan Brogaard, Terrence Hendershott, Ryan Riordan. High Frequency Tradingand Price Discovery. The Review of Financial Studies, 2014, Vol. 27, No. 8: 2267-2306.

[44] Larry Harris. Trading and Exchanges: Market Microstructure for Practitioners. Oxford: Oxford University Press, 2002.

[45] Miles Gregory-Costello. Eurex clampdown on market squeeze. Financial News, 9 April 2001.

[46] Michael Lewis. Flash Boys: A Wall Street Revolt. New York: W. W. Norton & Company, 2015.

[47] Rena Mille, Gary Shorter. High Frequency Trading: Overview of Recent Developments. Congressional Research Service working paper, 2016.

[48] SEC. Concept release on equity market structure. SEC website. 2010, Release No. 34-61358.

[49] Terrence Hendershott, Charles M. Jones, Albert J. Menkveld. Does algorithmic trading improve liquidity? Journal of Finance, 2011, 66(1): 1 - 33.

[50] Terrence Hendershott, Ryan Riordan. Algorithmic Trading and the Market for Liquidity, The Journal of Financial and Quantitative Analysis, 2013, Vol. 48, No. 4: 1001-1024.

[51] Yesol Huh. Machines vs. Machines: High Frequency Trading and Hard Information. Federal Reserve Board Working Paper, 2014.